校企合作市场营销专业精品教材

消费心理学

（第2版）

主编　伊宏伟　王　培

内容提要

消费心理学主要研究人们在消费过程中的心理活动规律和个性心理特征，是市场营销及相关专业的核心课程。全书共分11讲，具体包括绪论、认知消费者的一般心理活动过程、了解消费者的个性心理、认识不同消费群体的消费心理、认知消费者的购买过程、为消费者提供称心如意的商品、投放引人入胜的广告、营造宾至如归的购物环境、拉近与消费者的心理距离、熟知影响消费心理的社会因素和探索消费者心理的新兴领域。

本书结构编排合理，内容系统全面，讲解深入浅出，语言通俗易懂，并配有丰富的典型营销案例，可作为各类院校市场营销及相关专业的教材。

图书在版编目（CIP）数据

消费心理学 / 伊宏伟，王培主编. -- 2版. -- 上海：上海交通大学出版社，2023.4（2024.8重印）
ISBN 978-7-313-25494-8

Ⅰ. ①消… Ⅱ. ①伊… ②王… Ⅲ. ①消费心理学—教材 Ⅳ. ①F713.55

中国版本图书馆CIP数据核字(2021)第199010号

消费心理学（第2版）
XIAOFEI XINLIXUE (DI-ER BAN)

主　　编：伊宏伟　王　培
出版发行：上海交通大学出版社　　地　　址：上海市番禺路951号
邮政编码：200030　　电　　话：021-64071208
印　　制：北京鑫益晖印刷有限公司　　经　　销：全国新华书店
开　　本：787 mm×1092 mm　1/16　　印　　张：15.5
字　　数：358千字
版　　次：2023年4月第2版　　印　　次：2024年8月第3次印刷
书　　号：ISBN 978-7-313-25494-8
定　　价：49.80元

本书编委会

主　编　伊宏伟　王　培

副主编　黄冰婷　张　蕾　宁　静

苏　琦　王婧艳　李爱玲

前言 PREFACE

《消费心理学》是一门应用性很强的学科，是市场营销及相关专业的核心课程。学校开设该课程的目的是让学生能够充分认识到消费心理在企业营销活动中的重要作用，并能在今后的实际营销工作中运用消费心理学知识，较准确地揣测目标消费者的心理活动和行为规律，进而有针对性地进行各种营销活动。为辅助学校培养出新时代合格的营销人员，我们出版了《消费心理学》一书。

自面世以来，《消费心理学》受到了广大师生的青睐，已多次印刷，充分发挥了其在市场营销相关专业教与学中的作用。为了使本书更好地适应当前各院校的教学特点和培养目标，我们对该书进行了改版，即《消费心理学（第2版）》。改版涉及的主要内容包括：

（1）丰富体例，增强内容的可读性。

（2）增加图片，使内容图文并茂。

（3）更正第一版图书中出现的疏漏和错误。

（4）对部分内容进行调整、更改甚至重写，使内容更加合理、科学并具有时效性。

总体而言，本书主要有以下特点：

1 立德树人，润物无声

党的二十大报告指出：“育人的根本在于立德。”本书有机融入党的二十大精神，积极践行立德树人的根本任务，以培养学生正确的世界观、人生观、价值观为己任，将劳模精神、工匠精神、文化自信、环保意识和创新意识等素质教育元素有机地融入正文内容与各类模块中，以引领学生培养爱岗敬业、艰苦奋斗和勇于创新的实干精神，培育精益求精的工匠精神，树立正确的营销观、职业观和成才观，努力成长为能够服务人民、服务社会的时代新人。

2 校企合作，职业导向

本书是在一线双师型教师和企业专职人员的指导与支持下进行编写的，体例设计充分考虑教学大纲要求与企业需求，内容紧密围绕岗位需求，还设置了大量由企业提供的新颖、典型的营销案例，不仅能满足教师的教学需要，还能帮助学生更好地理解消费者在消费活动中的心理现象和行为规律，并掌握相应的营销策略，全面提升了教材的职业属性，增强了内容的实用性和针对性。

3 全新理念，全新形态

本书切实践行“以学生为主体，以教师为主导，以能力为根本”的教育理念，按照“必需、够用、兼顾发展”的原则组织全书内容。每一讲均设有“课前导读”“案例导入”“课堂考核”“课后实训”“课后评价”等模块，不仅有利于激发学生的学习积极性和主动性，而且便于教学活动的开展。在知识讲解部分，还穿插了“营销案例”“心理小课堂”“小提示”“课堂互动”等体例，既能帮助学生加深对所学知识的理解，拓宽知识面，又能活跃课堂气氛；每讲最后的“课后实训”模块，设置了形式丰富的实践活动，能让学生通过亲身实践深刻领会消费者在消费活动中的心理现象和行为规律，并学会理论联系实际，结合所学制订科学有效的营销策略。

4 内容丰富，条理清晰

本书在介绍消费者的一般心理活动过程、个性心理等基础知识的基础上，系统介绍了消费心理与商品因素、广告、购物环境、销售服务、文化和消费习俗等多种因素之间的关系，还探索了体验心理、绿色消费等消费者心理的新兴领域，内容丰富，条理清晰，语言通俗易懂，且配有丰富的图片，有利于学生轻松、快速地理解并掌握相关重点知识。

5 资源丰富，平台支撑

本书配有丰富的数字资源。读者可以借助手机或其他移动设备扫描书中的二维码获取微课视频，也可登录文旌综合教育平台“文旌课堂”（www.wenjingketang.com）查看和下载本书配套资源，如优质课件、课堂考核答案等。

此外，本书还提供了在线题库，支持“教学作业，一键发布”，教师只需通过微信或“文旌课堂”App扫描扉页二维码，即可迅速选题、一键发布、智能批改，并查看学生的作业分析报告，提高教学效率、提升教学体验。学生可在线完成作业，巩固所学知识，提高学习效率。

本书由伊宏伟、王培担任主编，黄冰婷、张蕾、宁静、苏琦、王婧艳、李爱玲担任副主编。由于编者水平有限，书中存在的疏漏与不当之处，敬请各位专家和广大读者批评指正，以便在今后的修订中进一步完善。

特别说明：

（1）本书在编写过程中，参考了大量的资料并引用了部分文章和图片等。这些引用的资料大部分已获授权，但由于部分资料来自网络，我们未能确认出处，也暂时无法联系到原作者。对此，我们深表歉意，并欢迎原作者随时与我们联系，我们将按规定支付酬劳。

（2）本书没有注明资料来源的案例均为编者自编或根据真实事件改编。

目录 CONTENTS

绪论

认识消费心理学

企业精心设计的产品有可能无人问津，而不符合人们传统审美的某个产品却有可能在一夜之间“爆红”。消费者的行为为什么与企业的预测南辕北辙？形形色色的消费者是否有着共同的消费心理？怎样才能抓住消费者的心理？

对消费者心理的研究是现代市场营销的基础，营销人员只有了解一些心理学知识，了解人的心理活动基本规律，才能依据消费者的心理提供服务，从而做好商品销售工作，提高服务质量。

一、了解消费心理学的相关概念

（一）消费与消费者

1. 消费

消费是人类为满足自身需要消耗物质资料和精神产品的过程。它是人类社会经济活动的重要过程，是社会进步与发展的基本前提。从广义上讲，消费可分为生产消费和个人消费。

生产消费是指在生产过程中，人类使用、消耗原材料、工具和人力等各种生产要素的过程，如汽车生产商对铁和工人的消耗。生产消费包含在生产过程之中，是生产过程持续进行的基本条件。

个人消费是指人们为满足自身需要，消耗各种生活资料、劳务和精神产品的过程，如人们为填饱肚子买各种食品。个人消费是人们为维持生存与发展，进行劳动力再生产的必要条件，也是人类社会最普遍的经济现象和行为活动。本书所讲的消费主要是指个人消费。

2. 消费者

消费者是指参与消费活动的个人或组织，泛指现实生活中的所有人。根据不同的划分标准，可以将消费者划分为不同的类型。

1）根据消费单位的不同划分

根据消费单位的不同，消费者可以分为个体消费者、家庭消费者和集团消费者。个体消费者是指购买和使用某种商品或服务的个人。个体消费者的消费活动与其需要、经济水平等密切相关。家庭消费者是指购买和使用某种商品或服务的家庭。家庭消费者在消费活动中会综合考虑家庭成员的需要，其消费行为受家庭经济水平、消费观念等因素的影响。集团消费者是指购买和使用某种商品或服务的组织。在消费活动中，集团消费者会从整个组织的需要出发，受组织支付能力的制约。

2）根据对某种商品或服务的态度划分

根据对某种商品或服务的态度划分，消费者可以分为现实消费者、潜在消费者和永不消费者。现实消费者是指当下对某种商品或服务有需求，并实际购买、使用商品或服务的个体或组织。潜在消费者是指当前尚未购买某种商品或服务，但在将来可能对其产生需求并进行购买，即能够转变成现实消费者的个体或组织。永不消费者是指当前或未来都不可能需要、购买某种商品或服务的个体或组织。例如，对销售芒果的小贩来说，正在摊前购买芒果的人就是现实消费者，打算等到芒果降价再购买的人则是潜在消费者，而对芒果过敏永不会购买芒果的人则是永不消费者。

个体或组织属于哪种消费者，是相对于具体的商品或服务而言的，并非是固定不变的。例如，正在购买A商品的小贺对A商品来说是现实消费者，对他打算购买的B商品来说是潜在消费者，对他极其厌恶永不可能购买的C商品来说则是永不消费者。

（二）消费心理与消费行为

1. 消费心理

消费心理是消费者在购买、使用和消耗商品或服务的过程中进行的一系列心理活动及表现出的心理特征，其与消费者自身、商品或服务及营销人员等多种因素都有关系。消费者在消费过程中的偏好、选择和各种不同的行为方式都受消费心理的支配。

2. 消费行为

消费行为是消费者为满足需要而寻找、选择、购买、使用、评价及处置商品或服务时所采取的各种行动。消费行为受消费心理的影响，是消费心理的外在表现。

（三）心理学与消费心理学

1. 心理学

心理学是研究人和动物的心理现象及其规律的一门学科。它既是一门理论学科，也是一门应用学科，包括基础心理学和应用心理学两大领域。其中，应用心理学包括教育心理学、运动心理学、社会心理学、消费心理学和管理心理学等。

2. 消费心理学

消费心理学是基于心理学、经济学、营销学和商品学等学科，融合多学科基础理论，

致力于研究人们在消费过程中的心理现象及其规律的一门学科。它起源于 19 世纪末，是一门新兴学科。

二、熟悉消费心理学的研究内容、方法和原则

（一）消费心理学的研究内容

1. 影响消费心理的内在因素

1）消费者的心理活动过程

消费者的心理活动过程包括认知过程、情感过程和意志过程。这些过程影响着消费行为的产生、发展和实现，是每个消费者在消费活动中都要经历的过程，反映了所有消费者心理的共性内容，因此是消费心理学研究的基础内容。

2）消费者的个性心理特征

每位消费者都具有不同的个性特征。这些个性上的差异使得不同的消费者在消费过程中表现出明显的不同。研究消费者的个性心理特征，可以了解不同的消费行为产生的内在原因，因此也是必不可少的。

课堂互动

你和室友是否买过相同用途的商品？你们是选择同样的品牌吗？分别说一说你们的消费行为，是如何导致相同（不同）的购买结果。

3）消费者的需要

心理学研究认为，人的行为由动机决定，而动机又由需要引起。消费者的需要、购买动机和购买行为之间同样存在着决定与被决定的关系。因此，消费者的需要是消费心理学必须要研究的内容。

2. 影响消费心理的外在因素

1）消费群体

每个消费者都生活在不同的群体之中，会受群体文化、规则等的影响。某一群体长期稳定存在后，其群体成员的消费行为会产生一些共性。研究消费群体，有助于企业针对目标市场采取相应的营销策略。

2）商品因素

商品因素包括商品名称、包装、价格等。人们在消费过程中，可能因为某件商品的名字寓意不好而拒绝购买，也可能因为喜欢某件商品的包装而购买并不急需的东西，还可能因为某件商品的价格低廉而大量购买。这些都说明商品因素会影响消费者的行为。研究商品因素是如何影响消费者的，可以帮助企业确定好的商品名称、设计吸引人的商品包装、制定合适的商品价格等，进而更好地促进商品销售。

3）购物环境

人们做出决策时，常常会受其所处环境的影响，消费时也不例外。好的购物环境往往能使消费者心情愉悦，进而激发他们的购买欲望。而差的购物环境则可能让消费者终止消费行为，败兴而归。研究购物环境对消费者的影响，能为企业营造好的购物环境提供理论依据。

4）营销沟通

营销沟通是指企业通过与消费者进行双向的信息交流建立共识而促成商品销售的过程。营销沟通的渠道包括广告和人员推销等。好的广告能起到宣传作用，使商品、服务或其所属企业广为人知。而人员推销影响甚至决定着消费者对商品、营销人员乃至企业的整体印象。因此，研究营销沟通与消费心理的关系是十分必要的。

5）社会因素

一个社会在长期的发展过程中会形成一些固定的文化、消费习俗等，还会出现一些消费新现象，这些都会对社会成员的消费行为产生影响。例如，在我国，过年时，很多家庭都会吃饺子。受这种文化的影响，很多中国人即使去了其他国家，过年时，还会包饺子吃。了解文化、消费习俗等社会因素对消费者的影响，能让企业获得更长远的发展。

（二）消费心理学的研究方法

1. 观察法

扫一扫

观察法的使用场景和特点

观察法是指研究者在自然条件下有目的、有计划地观察消费者的语言、行为、表情等，并把观察结果记录下来，然后分析其原因，进而发现消费者心理现象规律的研究方法。在使用观察法时，研究者应事先确定观察目的、观察时间和观察地点，制订详细的观察计划，分析观察结果时应区分偶然现象和规律性事实，以便得出科学的结论。

由于观察法是在消费者并不知情的情况下进行观察，所以观察结果比较客观、真实。此外，观察法在操作上比较简便，花费也比较少。但观察法很难全面深入地了解和掌握消费者的心理活动过程，因此有一定的片面性和局限性。

2. 访谈法

访谈法是指研究者通过与受访的消费者直接交流，以口头信息传递和沟通的方式研究消费心理的方法。根据研究者和受访的消费者接触的不同方式，访谈法可分为面对面访谈和电话访谈。

1）面对面访谈

扫一扫

访谈实施过程

面对面访谈又可分为结构式访谈和无结构式访谈。

结构式访谈是指研究者根据研究目标，事先拟定谈话提纲，访谈时按提纲依次向消费者提出问题，消费者逐一回答的

研究方法。研究者采用这种访谈方式时，可轻松掌握整个访谈过程，所得的资料也比较系统。但由于消费者处于被动地位，容易拘束，回答问题时不一定能表达完整，因此访谈所得的资料可能不全面。

无结构式访谈是指研究者与消费者以自由交谈的方式进行研究的方法。它虽有一定的目标，但谈话没有固定的程序，消费者可自由表达自己的想法。这种访谈可达到一定的深度，但谈话进程不易掌握，对研究者的访谈技巧要求也比较高。

2）电话访谈

电话访谈是指研究者用电话与消费者进行交流的方法。这种方法可以对难以面谈的消费者进行研究，还可以涉及一些面谈时不便谈论的问题，但会受电话设备、通信网络等的限制。

3. 问卷法

问卷法是通过研究者事先设计的调查问卷，向被调查的消费者提出问题，从答案中了解其消费心理的方法。这种方法能够同时向很多被调查者开展调查，但如果被调查者不负责任地回答，问卷结果的准确性就会大打折扣。

扫一扫

如何设计调查问卷

营销案例

中国消费者生活及消费方式发生重大转变

2021 年第二季度，多家企业携手通过网络问卷的形式向消费者发起调研，调研内容涉及消费者过去一年内消费过的商品种类及消费品类的转变等。最终，调研团队获得有效问卷 4 078 份。调研报告指出，中国消费者的生活及消费方式正在发生重大转变——他们不再满足于单纯物质消费，对精神世界的向往已经逐步超越了对物质世界的追求。

报告同时指出，无论是何种类型的消费，目前中国消费者对消费体验都提出了更苛刻的要求，即对包括线下购物时进店的观感、服务人员的专业度及服务水平、售后服务与线上购物时浏览网页的流畅度、购物的便捷度、客服服务好坏、快递包装等提出诸多要求，而这些体验现如今也都潜移默化地影响着消费者对商品、服务人员的评价和对品牌的好感度。

此次调研的负责人表示，此次调研的目的是为相关企业提供一份兼具深度与广度的参考依据，帮助他们更好地解读当下和未来中国不同年龄段消费者的消费心理及其向往的生活方式，由此探索出针对不同年龄段消费者的营销策略。

消费者与市场的变化是瞬息万变的，因此，调研并非一劳永逸的，相关企业必须持续做这一类的调研，以便及时了解消费者的需求变化和整个市场的变化，从而做出正确的市场判断，更好地在市场中扎根发展。

（资料来源：中国新闻网，有改动）

4. 实验法

实验法是一种在严格控制的条件下，给消费者一定的刺激，引发其某种反应，进而加以研究，找出相关心理活动规律的研究方法。根据实验场所的不同，实验法可分为实验室实验法和自然实验法。

实验室实验法是指在专门的实验室进行的，可借助各种仪器设备来研究消费心理的研究方法。例如，某企业为选出最佳商品广告，邀请多名消费者到其实验室观看备选广告，并通过眼动仪记录消费者观看不同广告时的眼动过程，进而从得到的数据中分析不同广告的效果。实验室实验法可获得精确度高的结果，但因受人为因素的影响，获得的实验结果与实际生活现象可能有所差异。

自然实验法是指在实际营销活动中，有目的地创造或变更某些条件，给消费者一定的刺激，从而研究其消费心理的方法。这种方法可以有针对性地研究某个因素对消费心理的影响，但因消费者的心理会受很多因素的影响，所以难以完全控制实验效果。

（三）消费心理学的研究原则

1. 客观性原则

客观性原则即实事求是的原则。这要求人们不论采取哪种研究方法，对消费者的心理进行研究时，都要实事求是，以观察到的消费现象为准，不能脱离实际主观臆测，对观察结果进行分析时，也要尽量不加个人色彩，做到客观分析。

2. 发展性原则

万事万物都处在不断的发展变化之中，消费者的心理也是如此。因此，在研究消费心理学时，一方面要主动研究消费心理的新现象，以预测消费趋势，适应市场变化；另一方面要乐于采用一些新方法、新科技等，以便更好地做研究。

心理小课堂

“双 11”见证中国网络消费变迁

从 2009 年 11 月 11 日淘宝商城首次举办的网络促销活动，到如今各大平台踊跃参与的购物狂欢节已有十几个年头。这十几年来，中国网络经济快速蓬勃发展，“双 11”见证了中国网络消费的消费水平、消费结构、消费人群等多方面的变化。

对商家来说，在开始的几年里，“双 11”只不过是个别电商平台促销的日子。而随着中国网络经济的爆发式增长，2015 年“双 11”购物狂欢节的概念被正式提出，越来越多商家加入其中，到如今，“双 11”已演变为提前半年准备、提前 1 个月造势、拉长促销至 20 多天、全民参与的消费狂欢节。

对消费者来说，最初，消费者参与“双 11”，更多的是为了能够抢到折扣大且包邮的商品，商品的品质和品牌并不是人们关注的重点，商家也往往通过价格战来迎合消费者需求。如今，消费者不仅关注商品的品牌和品质，还有更多个性化的需求，推动了大量小而美的互联网品牌涌现，互联网商家也更加关注口碑和复购率。这折射出我国消费水平、消费结构的转型升级。

而从消费群体构成来看，2009 年参与“双 11”的主体消费者是“80 后”，占比超过六成；2015 年，“90 后”消费者的占比首次超过“80 后”，成为最主要的线上消费群体；2017 年，“95 后”消费者的占比也已经接近两成。年轻消费者群体的崛起，让年轻态、时尚化、网红款商品持续热销，他们的消费观念、偏好与方式也越来越多地影响着消费的走向与趋势。

（资料来源：中国消费网，有改动）

3. 联系性原则

首先，消费心理学是一门交叉学科，与心理学、经济学、营销学、广告学等都有所联系。因此，研究消费心理学要与其他相关学科的研究成果联系起来。其次，很多情况下，影响消费者心理的因素不止一个，如消费者在一次购物过程中可能既受其所处情绪状态的影响，又受购物环境的影响。并且，这些因素也会相互作用，如消费者可能会因购物环境太嘈杂而内心烦躁，也可能会因心情愉悦忽略购物环境的不足之处。因此，研究内部、外部因素对消费者心理的影响时，应把这些因素之间的联系也考虑进来。

三、研究消费心理学的意义

（一）帮助企业进行科学经营决策

企业提供的产品是否畅销，归根到底，取决于消费者是否乐于购买。企业要想自家产品受消费者的欢迎，就要对消费者有足够了解。研究消费者的心理，可以帮助企业科学地进行经营决策，进而在激烈的市场竞争中立于不败之地。例如，某企业在为新产品设计包装时，先对目标消费者对颜色的喜好进行了研究，最后选择了受其青睐的粉色，产品上市后果然大卖。

（二）有利于营销人员提升服务水平

很多情况下，营销人员会与消费者直接接触。研究消费者的心理，了解影响他们消费

心理的内部、外部因素，可以帮助营销人员改善自己的服务方式，提升自己的服务水平。例如，了解不同消费群体的心理特征，有助于营销人员接待不同年龄段的消费者时采取不同的服务方法，进而促成成交率。

（三）有助于消费者科学地进行购买决策

有时，消费者由于不清楚自己的真实需要，对某些商品的了解不足等原因，可能做出错误的购买决策。研究消费心理学，可以让消费者深入了解自己消费行为背后的原因，看清一些商家的营销策略，以便在消费过程中做出更加理智的选择，避免花冤枉钱。

例如，可可家附近的超市定期推出特价商品，可可感觉买特价商品能省一些钱，便经常去买，但每次去总是忍不住买些其他东西，结果花钱更多；学习了消费心理学后，可可了解到定期推出特价商品是超市的一种营销策略，很多消费者都会像自己一样，买一些特价商品之外的东西；之后，超市再推出特价商品时，可可只有真的需要才会去买，再也不会为了“省钱”去买反而多花钱。

基础篇

第一讲

走进消费者的内心

——认知消费者的一般心理活动过程

课前导读

消费者的心理活动是其消费行为的基础，消费者在购买和使用商品的过程中，都会受心理活动的支配。因此，对市场营销人员来说，充分了解消费者的心理活动过程是很有必要的，有助于其发现消费者的潜在需求，创造新的商机。

本项目主要探究了消费者的认知过程、情感过程和意志过程，能够帮助市场营销人员了解消费者的一般心理活动过程，进而学会制订相应的营销策略。

知识目标

（1）熟悉消费者的感觉、知觉、记忆、注意、想象和思维等认知过程。

（2）熟悉消费者的情感过程及其在市场营销中的作用。

（3）了解消费者意志过程的基本特征及消费者的主要意志品质等。

能力目标

（1）能正确认识消费者的认知过程、情感过程和意志过程。

（2）能根据所学知识，制订营销策略。

素质目标

（1）树立正确的营销观。

（2）学会从不同角度理性观察问题、辩证思考问题。

模块一 了解消费者的认知过程

案例导入

小张购买电脑

大一新生小张想购买一台电脑，但是他对这方面的知识了解不多。于是，他先上网查询了关于电脑配置的相关知识，又向同宿舍已有电脑的同学征询了意见。最后，他结合自己的经济状况和实际需要，初步确定了购买意向——他决定去线下实体店购买某品牌电脑。在该品牌专卖店，一位营业员极力向小张推荐一款正在促销的电脑。这款电脑配置较高，性能较好，而且还有赠品，但是价格比较昂贵，超出了小张的预算。

小张虽然有些心动，但认真考虑后，认为自己购买电脑主要是为了学习，对电脑配置要求不高。另外，考虑到现在电脑更新换代速度快，小张认为自己毕业后很可能还要换新电脑。于是，小张最终决定购买一款配置普通、价格较低的电脑。

思考：小张购买电脑的过程反映了消费者的什么心理活动？

消费者的认知过程是指消费者通过自己的感官获取商品的相关信息，并对信息进行加工处理，从而由现象到本质地了解商品特性的心理过程。它是消费者其他心理过程的基础，主要通过感觉、知觉、记忆、注意、想象和思维等形式实现。例如，消费者接触某件商品时，首先，通过感觉与知觉去获取商品的颜色、形状和质地等信息；随后，运用记忆和注意，进一步观察商品的质量和性能等；最后，消费者通过自己的想象与思维，将前期获取的商品信息进行分析、整合，得出判断和结论。

一、感觉与知觉

（一）感觉

1. 感觉的概念

感觉是人脑对直接作用于感觉器官的客观事物的个别属性的反映。一个事物通常有许多属性，当这些属性分别直接作用于人的眼、耳、鼻、舌、皮肤等感觉器官时，就在大脑中引起相应的视、听、嗅、味、触等感觉。消费者对商品的认知过程，就是从感觉开始的。

例如，消费者在挑选苹果时，先观察其外观，看看颜色是否均匀，表皮是否光滑；再闻一闻，是否有异味；有条件的话，还可以试吃，尝一尝味道。由此，便可得到对苹果较为全面的认识。

2．感受性与感觉阈限

任何感觉的产生，都必须具备两个条件：一个是主体具有感受能力；另一个是来自客观世界的一定量的刺激。

主体的感觉器官对刺激物的主观感受能力被称为感受性，感受性通常用感觉阈限的大小来衡量。感觉阈限是指能够引起感觉并持续一定时间的刺激量。能引起感觉的最小刺激量，称为绝对感觉阈限。例如，在咖啡中加糖，加 1 块方糖时并不感到甜，直到加到第 3 块方糖才感觉到甜。那么，3 块方糖就是绝对感觉阈限。而对绝对感觉阈限的觉察能力，就被称为绝对感受性，它是消费者感觉能力的下限。在进行市场营销活动时，必须提前了解消费者对各种刺激的绝对感觉阈限和绝对感受性，以免刺激不够，难以引发消费者的感觉，从而造成无效营销。

两杯分别加了 3 块方糖的咖啡，甜度是一样的，若往其中一杯继续加方糖，加到第 5 块时，刚好能让人感受到这杯咖啡比另一杯甜，此时，引起感觉差别的两个同类刺激（方糖）之间的最小差别量，称为差别感觉阈限。而对最小差别量的觉察能力，就被称为差别感受性。

小提示

刺激物所产生的刺激量必须达到绝对感觉阈限，才能使消费者产生感觉；刺激物所改变的刺激量必须达到差别感觉阈限，才能使消费者感受到刺激的变化。

每种商品因效用、价格等特性不同，其绝对感觉阈限和差别感觉阈限都不同。例如，一辆汽车的价格上调几百元，往往不会被消费者所注意；而汽油的价格上调几元，很快就会引起消费者的注意。对市场营销人员来说，了解消费者的差别感受性，有助于其合理调整商品价格，进而促进商品销售。

3．感觉的一般规律

1）适应性

适应性是指随着同一刺激物对感觉器官的持续作用，感受性会提高或降低的现象。例如，消费者走近香水店时，会感觉香味特别浓烈，而进入店里待了一会儿后，就会感觉香味淡了一些，即“久居兰室，不闻其香”。

2）对比性

对比性是指同一感觉器官接受不同刺激时，感受性发生变化的现象，可分为同时对比性和继时对比性。同时对比性是指不同的刺激物同时作用于同一感觉器官时产生的对比现象。例如，两个同样颜色和大小的长方形图案同时放在灰色背景和黑色背景上时，人们会感觉灰色背景上的图案颜色暗些，而黑色背景上的图案颜色亮些，如图 1-1 所示。继时对比性是指不同的刺激物先后作用于同一感觉器官时产生的对比现象。例如，人们吃西瓜时会感觉甜，而吃了白糖之后再吃西瓜，就感觉不到甜味。

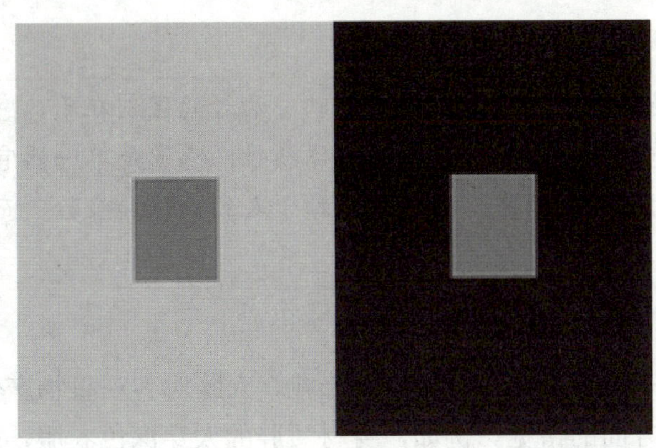

图 1-1　同时对比性

3）联觉性

联觉性是指一种感觉器官接受刺激产生感觉后，还会引起其他感觉器官产生另一种性质的感觉的现象。例如，在环境优雅的商场里，消费者的心情会变好，因而购物欲望变强烈。

4．感觉在市场营销中的作用

1）使消费者获得对商品的第一印象

感觉可以使消费者对商品有直接认识，进而形成对商品的第一印象。第一印象的好与坏、深刻与否，往往直接影响了消费者是否购买该商品。因此，企业应努力给消费者留下较好的第一印象，以引发消费者的购买欲望。例如，为商品设计合适且好看的包装、保持购物环境的干净整洁、商品摆放整齐有序等，都有助于给消费者留下好的第一印象。

2）引发消费者的情绪

感觉可以引发消费者的情绪，而情绪常常左右消费者的行为。企业可以通过营造好的购物环境，提供令消费者满意的服务等方式，引发消费者积极的情绪，进而促进他们实施购买行为。例如，某火锅店虽菜品价格高于很多同类店铺，但其服务较好，能让很多消费者在进餐时心情愉悦，因此生意很好。

扫一扫

感觉营销

（二）知觉

1．知觉的概念

知觉是人脑对直接作用于感觉器官的客观事物的整体反映，是人脑在感觉的基础上把接收到的信息加以综合整理，从而形成的对事物的完整映象。知觉是感觉的深入与升华，除此之外，还受人已有知识、经验的影响。例如，消费者购买手机时，会通过感觉形成对购物场所内手机的第一印象——手机很轻薄、颜色很好看，且会根据已有的与手机相关的知识，对其有一个整体感知——手机很适合自己，性价比很高。

小提示

知觉和感觉都是客观事物在人脑中的反映。两者的区别在于，感觉只能反映客观事物的个别属性，知觉却能反映客观事物的整体属性；感觉是单一器官活动的结果，而知觉却是各种感觉协同活动的结果；感觉不依赖于人的知识和经验，而知觉却受人的知识和经验的影响。

2. 错觉

错觉是指受环境干扰或某些心理原因的影响，人脑对客观事物产生的错误知觉。生活中，最常见的是视觉方面的错觉。例如，身材矮胖的人穿深色衣服，会看起来瘦高一些；往远方眺望，马路看起来越来越窄了，如图 1-2 所示。

图 1-2　马路

企业经常利用错觉现象制订营销策略。例如，很多狭小的商店会通过在墙上挂镜子，给人以空间错觉，从而使得店内显得宽敞明亮；咖啡店选用深色的杯子盛咖啡，使人觉得咖啡比实际浓一些。

3. 知觉的特性

1）选择性

选择性是指当人面对复杂多样的客观事物时，总是有选择地注意一些事物，而忽视其他事物。这种选择性与客观事物产生的刺激量有关，也与消费者的需要、兴趣等有关。例如，在一排店铺中，播放音乐的店铺往往能吸引更多的消费者；消费者进入购物场所后，往往会关注自己需要的或感兴趣的商品。

知觉的选择性能引导消费者进行消费，提高消费者的购物效率。而企业可通过美化商店环境、合理陈列利润高的商品等方式，引导消费者选购。例如，超市营销人员把价格较高的牙膏放到货架的中间层，以引导消费者优先选购。

2）整体性

整体性是指虽然知觉对象有多种属性，且由不同部分构成，但是人并不会将其感知为个别的、孤立的几个部分，而倾向于把其当作一个整体来看待。例如，消费者在购买汽车时，不会只注意汽车的颜色、款式，而忽视它的性能、价格等，更不会将汽车感知为方向盘、车轮等一个个零件，而是把其作为一个整体来感知。

知觉的整体性能激发消费者的购买欲望，从而增加商品的销量。例如，卖电脑的店铺在店内主要位置放置整台电脑，而非显示屏、主机等零件，以吸引消费者前来试用、购买。

营销案例

畅销的酒杯

某百货公司新进了一批高级玻璃刻花酒杯，尽管它造型优美，质量上乘，但上柜之后却很少有人问津，每天仅卖出两三套。

有位营业员用了个简单的方法便把销量提升到每天三四十套。是什么办法呢？营业员往杯中倒入一定清水，又滴入几滴红墨水，使杯中仿佛盛满了醇香的美酒。他又把装着“红酒”的酒杯摆在橱窗中。这样，酒杯晶莹剔透的刻花和高雅动人的造型使来往的消费者看得清清楚楚，并且仿佛能让人闻到馥郁的酒香，使消费者的购买欲望油然而生。

之所以有这种效果，是因为消费者看到倒入红色液体的酒杯后，把橱窗、酒杯、酒及酒香作为一个整体来感知，进而增强了对酒杯的购买欲望。

（资料来源：道客巴巴，有改动）

3）理解性

理解性是指人会运用已有的知识、经验对知觉对象进行解释。例如，消费者即使没吃过某种糖果，也能根据已有的经验与知识，推测出该糖果的大致味道。

知觉的理解性能够促使消费者较全面地感知商品的实际功能、价格、质量，以及商品对于自身需求的满足程度等，从而做出相对理性的购买决策。例如，消费者购买洗衣液时，会主动了解其价格、重量、包装形式和香型等。综合考虑后，通常会做出理性决策，购买最能满足其需求的商品。因此，企业应尽可能精准地向消费者传递商品的相关信息，帮助消费者做决策。

4）恒常性

恒常性是指当知觉对象不变，知觉条件在一定范围内发生变化时，人的知觉印象仍然保持相对稳定或不变。例如，家具在不同灯光的照射下，其颜色看上去发生了一些变化，但消费者对其颜色的知觉印象仍保持不变。

知觉的恒常性能使消费者对商品形成相对稳定的印象，进而使其产生对商品喜爱或厌恶的情感。例如，消费者在吃了某种大米觉得好吃后，会产生对这种大米的喜爱情感，之后会再次购买这种大米，还可能向亲朋好友推荐；消费者在用了某种漂白剂觉得不好用后，会产生对这种漂白剂的厌恶情感，不会进行第二次购买。对此，企业应保证商品的质量，合理定价及调价，通过多种方式来给消费者留下好的印象，使消费者喜爱其产品，进而长期购买。

二、记忆和注意

（一）记忆

1. 记忆的概念

记忆是人脑对过去所经历过的事物（如感知过的商品、思考过的问题、体验过的感受和实施过的行为等）的反映。例如，消费者在看了某个商品的广告后，见到实体物品时，脑中会想起广告画面，这便是记忆的作用。

2. 记忆的分类

1）按照记忆内容的不同分类

（1）形象记忆

形象记忆是以感知过的事物形象为内容的记忆。消费者对商品的颜色、形状和大小等方面的记忆，都属于形象记忆。例如，消费者在玩具店看到一个娃娃，几天后，她仍能想起那个娃娃的样子，这便是形象记忆。

（2）逻辑记忆

逻辑记忆是指以概念、思想、定理和规律等为内容的记忆，具有概括性、理解性和逻辑性等特点。消费者对商品质量、功能和使用效果等的记忆，都属于逻辑记忆。例如，消费者吃过某种止痛药，几个月后，他还记得那种止痛药的效果，这便是逻辑记忆。

（3）情绪记忆

情绪记忆是指以体验过的情绪或情感为内容的记忆。例如，消费者对在某家餐厅就餐时愉快的情感的记忆，便是情绪记忆。

（4）运动记忆

运动记忆是指以操作性行为为内容的记忆，如书写、走路、骑车和一些劳动技能等。运动记忆在初次形成时相对较难，但一经掌握，就不易遗忘。

2）按照记忆保持时间长短的不同分类

（1）瞬时记忆

当客观刺激停止作用后，感觉信息仍能保存极短的时间，这种保留瞬间的记忆就叫瞬时记忆，也叫感觉记忆。例如，消费者进入一家面包店时，会看到很多东西（如面包、营销人员及其他消费者），听到很多声音（如营销人员的招呼声、其他消费者的说话声）等。这些信息在消费者脑海中很快消失，只保留极短的时间，这便是瞬时记忆。

（2）短时记忆

当客观刺激停止作用后，某些信息在人脑中能保留 20 秒左右，一般不超过 1 分钟，这种记忆就叫短时记忆。例如，消费者在超市看到一瓶水的价格是 2 元，他继续购物，在看到饼干的价格后，就忘记了刚才那瓶水的价格。在这个例子中，消费者对瓶装水价格的记忆，便是短时记忆。

（3）长时记忆

当客观刺激停止作用后，某些信息在人脑中能保留一分钟以上，甚至达到数日、数年乃至终身，这种记忆就叫长时记忆。例如，消费者吃了某种特别好吃的东西，很多天后还记得那样东西的样子和味道，此时消费者的记忆，便是长时记忆。

小提示

在瞬时记忆中被记录的信息，如果受到注意，就会转成短时记忆；短时记忆中的信息经过进一步加工，会成为长时记忆。

3. 记忆在市场营销中的作用

1）采用各种方法，增强消费者的记忆

企业应通过多种方法，如为产品设计一个独特的造型、起一个有趣的名字等，增强消费者对其产品的记忆，促使消费者在需要时首先想起自家产品，从而增加销售机会。同时，企业也可为其产品打广告，或定期开展营销活动，帮助消费者形成或巩固对其产品的记忆。

2）给消费者留下美好记忆

营销人员在为消费者服务时，应充分利用商品和消费者的特点，力求带给消费者美好记忆，以增强消费者的购买欲望。例如，鞋店的营销人员，应热情地向消费者推荐鞋子，积极帮助消费者找合适码数的鞋子，确保消费者买到合脚的鞋子。营销人员专业热情的服务，会带给消费者愉悦的购物体验，给消费者留下美好的记忆，从而促使消费者成为回头客。

课堂互动

生活中，我们经常会见到广告。说一则你看过一次就记住的广告，并说说它为什么留在了你的记忆里。

（二）注意

1. 注意的概念

注意是指人对外界事物的目标指向和精神集中状态。指向性和集中性是注意的两个基本特点。指向性是指人在注意时，有选择地关注一定事物，而忽略其他事物。例如，在商场中，消费者并不能注意商场中的所有商品，而只注意某些商品。集中性是指人在选择注意某个事物后，会全神贯注于这个事物，这反映了注意的强度。例如，在商场中，消费者注意到自己感兴趣的商品后，会全身心观察这件商品，而忽略了周围的一切。

2. 注意的分类

按照产生和保持注意有无目的及是否需要意志努力，注意可分为无意注意和有意注意。

1）无意注意

无意注意是指事先没有预定目的，也不需要意志努力，而不由自主地指向某一对象的注意。例如，消费者想购买一件上衣，无意中发现一条裤子也不错，对裤子的注意就属于无意注意。

2）有意注意

有意注意是指自觉的、有预期目的的，必要时还需要一定意志努力的注意。例如，杂志爱好者会定期到书店、报亭等地购买最新版的杂志，其对杂志的注意就属于有意注意。

无意注意和有意注意既相互联系又相互转换。当人对某一事物的无意注意次数较多时，其对该事物的注意可能转换为有意注意；当人对某一事物长时间有意注意后，其对此事物的注意会变得很容易，即对此事物的注意从有意注意转换为无意注意。例如，小谭被一家咖啡店的香味吸引，便进店购买。之后，他每周都会来这家店买咖啡。那时，小谭对这家店的注意已从无意注意转换为有意注意。几个月后，来这家店买咖啡已成为小谭的习惯之一。小谭对这家店的注意也从有意注意转换为无意注意。

3. 如何吸引消费者的注意

1）采用多元化的经营手段

多元化的经营可以满足消费者多方面的消费需求，使消费者时而有意注意时而无意注意，从而延长他们在购物场所的停留时间，创造更多的销售机会。例如，很多大型商场集购物、娱乐、休闲、餐饮等功能于一体，使消费者时而忙于购物，时而享受美食，满足了

他们多方面的消费需求，让他们流连忘返。

2）采用多种宣传方式

企业应采取多种宣传方式，引起消费者的注意，激发他们的购物欲望，从而增加产品销量。例如，企业可为其产品做广告，也可开展一些营销活动，引起消费者对其产品的注意，激发他们对其产品的兴趣，促使他们购买产品。

三、想象与思维

（一）想象

1. 想象的概念

想象是指人脑对已有表象进行加工改造而创造新形象的过程。其中，表象是指客观事物在人脑里保留的形象。例如，消费者购买鲜花时，会想象鲜花（表象）摆在家里，给生活增添一些乐趣的情景，可能还会想象一些浪漫情景，从而加强了购买欲望。

2. 想象的分类

根据想象是否有目的性及是否需要意志努力，想象可以分为无意想象和有意想象。

1）无意想象

无意想象是指事先没有预定目的、不自觉的想象。例如，人在睡觉时做梦，就是在进行无意想象。

2）有意想象

有意想象是指有预定目的、自觉的想象。按照想象的新颖性、独立性和创造性的不同，有意想象又可分为再造想象和创造想象。

再造想象是指根据语言的描述或非语言（图表、符号等）的提示，在头脑中形成有关事物的新形象的心理过程。例如，消费者根据室内设计师的介绍，在脑海中构建出新房装修后的样子。

创造想象是指不依赖于现成的描述，而在大脑中独立创造出新形象的心理过程。作家的新作品、设计师的新设计和科学家的新发明，均是在创造想象的激发下产生的。而消费者也通常有此类“奇思妙想”，能为企业开发新产品，提供新服务项目指明方向。这样，消费者的想象能变为现实，企业也能因此获得回报。例如，一些农民试图用洗衣机洗土豆，结果把洗衣机内的水管堵了。生产洗衣机的企业得知此事后，了解到消费者的潜在需求，根据这一想法，真的设计出了可以洗土豆的洗衣机。

3. 想象在市场营销中的作用

想象往往能影响消费者的消费行为。消费者在选择商品、认识商品、评价商品等过程中，都会进行想象，商品若能使其产生好的想象，消费者购买商品的可能性就会变大。

因此，企业在商品的设计、生产、包装和宣传等方面，都应充分考虑想象的作用，努

力使商品名称、包装和广告等引发消费者的美好想象，进而促使消费者购买自家产品。例如，某酸奶的包装瓶（见图 1-3）能让消费者想到身材苗条的人物形象，让消费者感觉喝了这款酸奶自己的身材也会变苗条，进而激发消费者的购买欲望。

图 1-3　酸奶包装瓶

（二）思维

1. 思维的概念

思维是指人脑通过分析、比较等对客观事物的本质特征进行间接、概括的反映，它是人的认知过程的最高阶段。间接性和概括性是人的思维过程的主要特征。间接性是指以其他事物为媒介，借助知识、经验做出推断，从而间接认识客观事物。例如，消费者在购买柚子时，可以通过柚子的颜色、表面光滑度等，并借助以往买柚子的经验，对柚子的味道做一个大致判断。概括性是指在大量感性材料的基础上，对同一类事物共同、本质的特征或事物间的规律性做出总结、概括。例如，消费者多次购买西瓜后，发现表面纹路均匀、瓜藤干枯的西瓜更好吃。

2. 思维的分类

根据思维的创新性程度，思维可分为常规思维和创造性思维。

1）常规思维

常规思维是指凭借已有的知识、经验，依照固定的模式反映客观事物本质特征的心理过程。例如，消费者看到菠萝，会想到菠萝是一种水果，切开后可以直接吃（见图 1-4），这就是在进行常规性思维。

2）创造性思维

创造性思维是指用新颖、独特的方式反映客观事物本质特征的心理过程。例如，一些消费者看到菠萝，会想到菠萝可用来做饭（见图 1-5），这就是在进行创造性思维。

图 1-4　菠萝

图 1-5　菠萝饭

课堂互动

很多人都有创造性思维。请说一说你曾有过的创新性想法或创新经历。

3. 思维在市场营销中的作用

很多情况下，消费者在购买商品时，都会对商品进行分析、比较和评价等，这有助于他们正确认识商品，做出理性的购买决策。

一件商品经消费者分析、比较后，若能得到消费者的好评，取得消费者的信任，便很有可能被消费者购买。因此，企业应在商品包装上展示有效的信息，帮助消费者认识商品。例如，某品牌一款酸奶包装上配有特色成分的图片（见图 1-6），便是为了帮助消费者了解商品。此外，营销人员也应向消费者提供充分的商品信息，以帮助消费者全面了解商品，这样有助于赢得消费者的信任，获得长期利益。

图 1-6　酸奶包装

模块二 熟悉消费者的情感过程

案例导入

小周购买空调

小周想为新房子买两台空调。为此，他先上网查询了大量的相关信息，又咨询了几位朋友。综合考虑后，小周决定买 A 品牌空调。

小周说他做出这个决定主要有两个原因。第一，A 品牌很有名，质量有保证，售后服务也好，几位朋友家都购买了该品牌空调，小周因此对 A 品牌产生了一定的信任感。第二，A 品牌是 A 市的一家企业，而小周正是土生土长的 A 市人，毕业后定居在了离家较远的 B 市，他常常思念家乡，对家乡的人、物有着特殊的感情。因此，小周认为购买 A 品牌空调是对家乡企业的一种支持，在某种意义上也算他为家乡的发展做了一点贡献。

在这样的情感支配下，小周立即行动起来，去离新房最近的一家商场开心地买了两台 A 品牌空调。

思考：通过上述这个案例，你发现是什么在影响消费者的购买行为？

消费者的情感过程是指消费者针对客观事物能否满足自己的需要和需要满足的程度而产生的一种主观体验。它建立在消费者对商品的认识基础上，是消费者对客观事物的一种特殊反映形式。消费者的情感过程主要包括情绪和情感两个方面。

一、情绪与情感概述

（一）情绪与情感的概念

消费者的情绪和情感与其需要紧密联系，为其行为活动赋予感情色彩，深刻影响其购买行为。

情绪是指与消费者的生理需要，感觉、知觉等较低级的心理过程相联系的一种体验，如开心、生气和忧愁等。它由特定的条件引起，随条件的变化而变化，往往具有短暂性、不稳定性和情景性等特点。例如，消费者进入一家商店后，因喜欢店内的装修而感到开心，离开这家商店后，这种情绪很快消退。

情感是指与消费者的社会需要（社交的需要、精神文化生活的需要等）相联系的一种体验，如道德感、理智感和审美感等。它是一种稳定的、持久的体验，是较高级的、深层的心理现象。

（二）情绪与情感的关系

消费者的情绪与情感既有联系，又有区别。一般来说，情绪可看作是情感的外在表现，情感是情绪的本质内容。同时，情绪的变化一般都受已有情感的制约，情感又总是在变化着的情绪中得到体现。例如，某企业信誉高、产品质量好，在消费者心目中具有良好的形象，消费者对它充满了信任感。当消费者购买、使用其产品时，其对企业的信任感就会以喜悦、满足等情绪形式表现出来。

二、情绪与情感的分类

（一）情绪的分类

按照情绪表现方向的不同，情绪可以分为积极情绪、消极情绪和双重情绪。

1. 积极情绪

积极情绪是指消费者的需要得到满足时，产生的一种伴有愉悦体验的正向情绪。例如，当消费者在书店看到非常喜欢的书时，会感到开心，这就是积极情绪。积极情绪会增强消费者的购买欲望，促进购买行为的完成。

2. 消极情绪

消极情绪是指消费者的需要得不到满足时，产生的一种负向情绪。例如，当营销人员的服务态度恶劣时，消费者会感到不满，这就是消极情绪。消极情绪会抑制消费者的购买欲望，阻碍其实施购买行为。

3. 双重情绪

很多情况下，消费者的情绪并不是简单地表现为积极或消极，而是两种都有，这时消费者的情绪就为双重情绪。例如，消费者喜欢某件商品，但因其价格偏高而感到遗憾，即为双重情绪。双重情绪会延缓购买行为的完成。

课堂互动

你曾经在消费活动中产生过上述情绪吗？当你产生上述情绪时，你通常会怎么做？

（二）情感的分类

按照情感的内容，情感可分为道德感、理智感和审美感。

1．道德感

道德感是指消费者用一定的道德标准决定自己的消费行为，评价他人的消费行为或服务行为时产生的情感体验。赞赏、信任、亲切、厌恶和鄙视等都属于道德感。例如，面对营销人员热情、礼貌的服务，消费者通常会产生亲切感。因此，营销人员应对商品有充分的了解，不断提升自己的专业水平和服务意识，努力让消费者满意。

2．理智感

理智感是指消费者在认识和评价客观事物时产生的一种情感体验，与消费者的求知欲、兴趣等相联系。求知感、好奇感和怀疑感等都属于理智感。例如，当消费者对未见过的商品产生兴趣，想要了解相关信息时，就是产生了好奇感。此时，营销人员应当热情地向消费者介绍商品，提供足够的商品信息，激发消费者的购买欲望。

3．审美感

审美感是指消费者根据自己的审美标准对客观事物予以评价时产生的情感体验。当商品符合消费者的审美标准时，往往会激发消费者的购买欲望。例如，一件商品的颜色、款式都受消费者喜爱时，被消费者购买的可能性会很大。

三、情绪与情感的表现

消费者的情绪与情感虽然是一种内部的主观体验，但是在消费活动中，其情绪与情感发生变化时，往往会通过面部表情、言语表情和姿态表情等外部表现形式展现出来。

（一）面部表情

面部表情通过面部肌肉和五官的变化来表现情绪与情感状态。一般情况下，消费者的喜、怒、哀、乐都会通过不同的面部表情表现出来。例如，消费者想购买某件商品时，可能会目不转睛地盯着它看；购买到喜爱的商品时，会眉开眼笑。

营销人员要学会通过观察消费者的面部表情变化，来揣摩消费者的心理，并及时调整营销策略，促使消费者的情绪向积极的方向发展，进而促进产品销售。

（二）言语表情

言语表情通过言语的音调、语速和音量等的变化来表现情绪与情感状态。在消费活动中，当消费者的情绪与情感发生变化时，其说话的音调、语速和音量等都可能会发生变化。例如，消费者对营销人员的服务不满时，说话的声音会较大。因此，营销人员应注意消费者的言语表情，并据此判断他们对商品和服务的态度，进而及时调整营销策略。

同时，营销人员与消费者进行沟通时，也要注意自己的言语表情，因为同一句话，说话人的音调、语速和音量等的不同，会给人不同的感受。例如，说“您买什么？”这句话时，营销人员若语气柔和、语速和音量适中，则会让消费者感到亲切、真诚；若语气生硬、

音调过高，则会让消费者感受到营销人员的不耐烦与冷漠。

（三）姿态表情

姿态表情通过身体姿态和手势变化等表现情绪与情感状态，如高兴时手舞足蹈、紧张时坐立不安等，在消费活动中也不例外。例如，消费者对营销人员推荐的商品不满意时，可能会摆摆手；逛了很多商店，终于碰到特别满意的商品时，可能会连连点头。

总之，为消费者提供服务时，营销人员应特别注意消费者的外部表现，了解他们的情绪与情感状态，从而更有效地进行销售与服务。

四、影响情绪与情感产生和变化的因素

基于情绪的营销策略

影响消费者情绪、情感产生和变化的因素有多种。其中，最主要的因素是消费者自身、商品、购物环境和服务。

（一）消费者自身

消费者的经济状况、选购能力等都会影响其在消费活动中的体验，进而影响其情绪与情感。例如，当消费者经济状况不太好时，面对自己喜欢但价格较高的商品，往往会产生双重情绪，甚至产生消极情绪。

（二）商品

商品的颜色、样式、包装、价格、性能和质量等都会影响消费者的情绪与情感。例如，商品的包装符合消费者的审美时，消费者就会产生积极情绪；商品的质量一直有保证时，就会让消费者对生产这种商品的企业产生信任感。

（三）购物环境

购物环境的照明、温度、气味和拥挤度等因素都会影响消费者的情绪与情感。例如，购物环境的温度过高时，易让消费者感到燥热，进而产生消极情绪，导致消费者离开购物场所；购物环境比较拥挤时，会让消费者感到不适或厌烦，进而选择拒绝进入或快速离开。

（四）服务

服务人员的服务质量对消费者的情绪与情感有极大的影响。例如，服务人员主动热情、耐心周到地提供专业化服务时，消费者会觉得受到尊重，感到满意、开心，进而对服务人员产生亲切感。而服务人员对消费者态度冷淡、行为粗鲁时，会让消费者产生不满、愤怒等消极情绪。

营销案例

用真诚、耐心的服务让用户满意

一位用户给某集团空调售后服务部打电话反映，空调刚用了几天，就感觉有点问题。集团的一位维修师傅去用户家看了看，发现没什么问题，就告诉用户让他放心用。几天后，这位用户又打电话说空调有问题。那位维修师傅到用户家检查后，发现空调一切正常。过了几天，这位用户再次打电话说，感觉空调有点问题。同一位维修师傅第三次来到用户家，检查后再次确定空调确实没什么问题。

原来，空调真的没什么问题，只是用户年纪大了，对之前没用过的东西不大放心，所以总感觉空调有问题。

维修师傅第三次为用户服务后，发现了这一原因。之后，他上班后的第一件事就是给这位用户打电话，询问空调有没有什么问题。第一天打电话时，用户犹豫地说："没……没什么问题吧。"第三天打电话时，用户非常感动地说："空调没问题了，不用再打来电话了，谢谢你。"

这位维修师傅并没有直接指出用户的错误，而是用真诚、耐心的服务让用户放了心，打动了用户，真正做到了让用户满意。

（资料来源：豆搜网，有改动）

五、情绪与情感对消费者行为的影响

（一）影响消费者的认知过程

消费者处于某种情绪状态时，倾向于选择和加工与该种情绪相一致的信息，进而影响其对客观事物的认识。例如，消费者处于轻松、愉快等积极情绪状态时，会注意让自己更加愉悦的商品或其某些属性，对接收到的信息倾向于形成更好的记忆，最终对商品做出好的评价；消费者处于不满、烦躁等消极情绪状态时，会注意与自己的道德标准、审美标准等不符的商品，更加关注商品的缺点，从而对商品做出消极的评价。

（二）影响消费者的购买决策速度

消费者的情绪影响着其做出购买决策的速度。例如，在消费活动中，消费者产生积极情绪时，会更快做出肯定的购买决策，实施购买行为；消费者产生双重情绪时，会犹豫不决，延缓购买行为；消费者产生消极情绪时，往往会立刻做出否定的购买决策，终止消费行为。

消费者对企业或商品已产生的情感，对其做购买决策也有很大影响。例如，消费者对

一家企业或其商品比较信赖时，在消费活动中往往会优先考虑这家企业和其商品，并很快做出肯定的购买决策。

情感的影响不可小觑

2021 年 7 月，河南多地遭遇特大暴雨，很多人的生活遭受了严重影响。面对这一灾情，鸿星尔克实业有限公司（以下简称“鸿星尔克”）在长期亏损状态下，仍向河南灾区捐款 5 000 万元。它的这一善行被网友发现后，引起了很多关注。

很多网友既对鸿星尔克感到同情，又对其充满了敬意。在这种情感的支配下，很多网友开始疯狂购买鸿星尔克的产品，有些人甚至一口气买了几十件衣服和鞋子。即使鸿星尔克的董事长和营销人员都劝消费者要理性消费，很多消费者的热情仍未消退，以致几天内鸿星尔克的很多产品都出现了断货的情况。

由此可见，情绪与情感对消费者行为的影响不可小觑。

（资料来源：每经网，有改动）

模块三　探究消费者的意志过程

案例导入

晓璐购买口红

晓璐快要毕业了，她想着工作之后很多场合都需要化妆，于是打算买两只好点的口红。结合自己的经济状况，她决定把预算控制在 300 元以内。查询一些相关信息后，晓璐决定购买 A 品牌豆沙色和大红色的口红。

周末，晓璐便和两位室友一起去学校附近的商场买口红。走进化妆品店时，一位营销人员看晓璐和室友打扮一般，对她们态度便有些冷淡。但晓璐心想既然已经来了，不能因为营销人员就放弃购买，便自己找到想买的口红开始试色。试色后，两位室友说，大红色不适合晓璐，建议她再试试其他颜色。试过其他颜色后，晓璐最终买了一只豆沙色口红和一只西柚色口红。

用过几次后，晓璐感觉这两只口红确实还不错，便向同学做了推荐，还决定工作

挣钱后再买两只其他颜色的A品牌口红。

思考：晓璐在购买口红的过程中遇到了什么问题？是什么心理活动过程帮助她完成了购买行为？

意志是人们为了实现一定的目的而自觉做出的努力。例如，一些消费者为了第一时间买到喜欢的最新款手机，早起去商店门口排了很长时间的队，直到买到想要的商品，这体现出他们的意志力很强。消费者的意志过程是指消费者自觉确定消费目的，并根据目的支配和调节自己的行动，克服各种困难，实现既定目标的心理过程。

一、消费者意志过程的基本特征

（一）有明确的购买目的

在有明确购买目的的消费行为中，消费者的意志活动体现得最为明显。通常，为了满足自身的特定需要，消费者经过思考，预先确定购买目标，然后自觉地、有计划地按购买目的去支配和调节购买行为。例如，消费者为了出席一些重要场合，经过思考，决定购买某个品牌的正装，然后主动去店里挑选喜欢的款式买了下来。

（二）促进购买行为的完成

购买目标确定后，消费者的意志过程会促使其立刻采取行动，尽快完成购买行为。在这一过程中，消费者可能会遇到各种各样的干扰或困难，这时，为了实现购买目的，消费者会付出努力，抑制消极情绪，以排除干扰、克服困难。例如，消费者很喜欢某件商品，想要购买但经济条件不允许时，就选择省吃俭用攒钱，或兼职挣钱去买。

二、消费者的主要意志品质

消费者的意志品质是其意志的具体体现，与消费者的思想修养、道德观念及购买动机等紧密相连。它主要表现在以下四个方面。

（一）自觉性

自觉性是指消费者自觉自愿地制订计划，并按计划做出行动，达成目的的意志品质。在消费活动中，自觉性高的消费者常常主动了解、认识所要购买的商品，通过综合考虑确定购买目标，在执行购买行为时能根据现实自觉、主动地调整购买目标，以最终实现购买目的；而缺乏自觉性的消费者通常不愿付出努力，做事拖延，易受他人影响。

（二）果断性

果断性是指消费者善于抓住时机，毫不犹豫地做出决策的意志品质。在消费活动中，

比较果断的消费者往往善于抓住机遇，积极、主动、全面地思考，迅速地做出正确决策；不太果断的消费者常常优柔寡断，犹豫不决，面对众多选择时往往难以做出决策。例如，面对两件同样喜欢，价格也差不多的商品，比较果断的消费者会综合考虑后，迅速做出选择；不太果断的消费者往往会纠结犹豫很久，才做出选择。

（三）坚韧性

坚韧性是指消费者以坚韧不拔的毅力，排除干扰、克服困难，努力达成目的的意志品质。在消费活动中，坚韧性强的消费者会想办法克服各种困难，完成购买行为，达成购买目的；坚韧性差的消费者一遇到干扰、困难，就会动摇或放弃。例如，当想要购买某件限量版的商品时，坚韧性强的消费者会采取多种手段，如求朋友帮忙或出较高的价钱，想尽办法买到；坚韧性差的消费者很可能会放弃购买。

（四）自制性

自制性是指消费者支配、控制自己的情感，约束自己言行的意志品质。在消费活动中，自制性强的消费者善于控制自己的情绪，而且常常能抑制冲动，抵制诱惑，较好地约束自己；自制性弱的消费者则刚好相反。例如，当与营销人员发生矛盾时，自制性强的消费者往往能控制自己的情绪，坚持说理，不和对方发生争吵；自制性弱的消费者容易发怒，有时甚至和对方吵得面红耳赤。

课堂互动

假如你很喜欢喝奶茶，但最近在控制体重，和朋友逛街时刚好路过一家弥漫着香气的奶茶店。此时，你会怎么做呢？请分析你的意志过程。

三、消费者意志过程的实现

扫一扫

如何强化消费者的意志过程

消费者的意志过程是复杂多变的，但通常可分为以下三个阶段。

（一）决策阶段

该阶段是意志过程的准备阶段，具体包括购买动机的取舍、购买目标的确定、购买方式的选择和购买计划的制订等一系列准备工作。例如，某消费者想买护肤品，面对市场上琳琅满目的护肤品品牌，不知道选哪一种。查阅了一些资料后，他根据自己的皮肤状况和经济能力等因素，选择了适合自己的甲品牌。本想图省事在网上买，但担心买到假货，他最终决定去实体店买。

（二）执行阶段

该阶段是消费者执行购买决策的过程，即购买决策转化为现实的阶段。在这一阶段，消费者可能会遇到干扰和困难，是真正表现意志的中心环节。例如，消费者本打算一到周六就去离家最近的甲品牌专卖店买选好的A款护肤品，但周六却下起了小雨，他犹豫还要不要去，但想到早点买回来就可以早些知道这款护肤品适不适合自己，他便出发去买了。到实体店后，营销人员极力推荐B款护肤品，消费者仔细考虑后，坚持自己的选择，最终还是买了A款护肤品。

（三）体验阶段

该阶段是意志过程的最后一个阶段。消费者通过对商品的使用和周围人的评价，对商品的性能、质量等有了更多认识，并以此检验自己的购买决策是否正确，同时考虑是否重复购买或扩大购买，是推荐别人购买还是劝阻别人购买。例如，消费者使用A款护肤品几个月后，感觉皮肤好了一些，周围很多人也这样评价，于是决定用完后再买一套。和朋友聊到有关护肤品的话题时，他还向朋友推荐了这款护肤品。

课堂考核

（一）单项选择题

1.（　　）不属于消费者知觉的特性。

A. 理解性　　B. 整体性　　C. 选择性　　D. 短暂性

2.（　　）是人对外界事物的目标指向和精神集中状态。

A. 感觉　　B. 注意　　C. 想象　　D. 思维

3. 下列关于情绪和情感的说法错误的是（　　）。

A. 消费者的情绪与其生理需要相关，而情感与其社会需要相关

B. 消费者的情绪与情感会通过一些外部表现形式展现出来

C. 商品不会影响消费者的情绪与情感

D. 消费者的情绪与情感会影响其做购买决策的速度

4. 晓东买很多东西时都能快速做出决策，这反映了他意志品质的（　　）。

A. 自觉性　　B. 果断性　　C. 坚韧性　　D. 自制性

5.（　　）是意志过程的最后一个阶段。

A. 决策阶段　　B. 执行阶段　　C. 体验阶段　　D. 挑选阶段

（二）判断题

1. 消费者对商品的认知过程，是从感觉开始的。　　（　　）

2. 想象是指客观事物在人脑里保留的形象。（　　）

3. 思维可分为常规思维和创造性思维。（　　）

4. 消费者的意志过程会促使其尽快完成购买行为。（　　）

5. 坚韧性是指消费者支配、控制自己的情感，约束自己言行的意志品质。（　　）

（三）简答题

1. 什么是消费者的认知过程？

2. 消费者的情绪和情感可分别分为哪几类？

3. 消费者的意志过程有哪些基本特征？

（四）案例分析题

某企业生产的卫生纸质优价廉，但销量一直很惨淡。为改变这种状况，该企业派人做了市场调查，得知因卫生纸包装简单，给人一种低廉的感觉，很多消费者由此认为卫生纸质量也不好，因此拒绝购买。于是，该企业便为卫生纸设计了精美的新包装。重新包装的卫生纸上市后，吸引了很多消费者，取得了极好的销售效果。

思考：以上案例说明了什么道理？商品包装如何影响了消费者的心理活动过程？

课后实训

实训目标

充分了解消费者的认知过程、情感过程和意志过程，为以后的营销工作做准备。

任务概述

去本地一家商场，对一些消费者进行访谈，了解消费者的一般心理活动过程，并做好访谈记录。

采访完成后，各小组派出代表，以 PPT 的形式向全班同学分享本次访谈的主要内容及本组的心得。

任务分配

全班学生自由组合，每组 3～5 人，各组选出组长并进行任务分工，将小组成员及分工情况填入表 1-1 中。

表 1-1　小组成员及分工情况

<table>
<tr><td>班级</td><td></td><td>组号</td><td></td><td>指导教师</td><td></td></tr>
<tr><td>小组成员</td><td>姓名</td><td>学号</td><td colspan="3">任务分工及时间安排</td></tr>
<tr><td>组长</td><td></td><td></td><td colspan="3"></td></tr>
<tr><td rowspan="4">组员</td><td></td><td></td><td colspan="3"></td></tr>
<tr><td></td><td></td><td colspan="3"></td></tr>
<tr><td></td><td></td><td colspan="3"></td></tr>
<tr><td></td><td></td><td colspan="3"></td></tr>
</table>

任务准备

（1）熟悉消费者一般心理活动过程的相关知识。

（2）掌握访谈方法。

（3）掌握 PPT 的制作方法。

任务实施

按照小组分工情况开展人物访谈活动，并将具体的实施情况记录在表 1-2 中。

表 1-2　实施情况记录表

时间安排	实施步骤
	1．确定本组访谈的对象：
	2．确定本组访谈的提纲 （另附纸）
	3．进行访谈，并做好记录 （另附纸）
	4．总结参与访谈的消费者的心理过程及特点
	5．小组讨论，总结心得
	6．制作 PPT
	7．在全班同学面前进行讲解分享

课后评价

各组配合指导老师完成如表 1-3 所示的考核评价表。

表 1-3 考核评价表

考核内容	评价标准	分值	评价得分		
			自评	互评	师评
知识与技能考核（40%）	能够简要阐述消费者的感觉、知觉、记忆、注意、想象和思维等认知过程的相关知识	20			
	能够举例说明消费者的情绪与情感对其消费行为的影响	10			
	能阐明消费者意志过程的基本特征和主要意志品质	10			
过程与方法考核（20%）	课前积极预习本讲的内容	5			
	课中认真听讲，并积极参与课堂互动	10			
	课后主动复习所学知识	5			
实训考核（20%）	能够结合所学知识设计访谈提纲，并根据所列提纲有条不紊地进行访谈	10			
	PPT 制作精美、图文并茂	5			
	讲解口齿清晰、仪态大方	5			
综合素养考核（20%）	具备团队精神，能够积极地与他人合作	10			
	具有正确的营销观，能够制订合适的营销策略	10			
合计		100			
总评	自评（20%）+互评（20%）+师评（60%）=	教师（签名）：			

第二讲

认识每个独特的消费者

——了解消费者的个性心理

课前导读

消费者的心理活动过程存在一定的共性，但不同消费者的心理又是千差万别、各具特色的。消费者的个性心理，决定了他们的消费行为。因此，了解消费者的个性心理，有助于市场营销人员把握及预测消费者的消费行为，进而促进销售，引导消费。

本项目主要探究了消费者的个性、气质、性格和能力，为市场营销人员有针对性地开展营销服务工作，提供一定的指导。

知识目标

（1）了解个性的概念、特征，熟悉个性对消费行为的影响。

（2）熟悉不同气质类型消费者的消费行为，掌握对其的营销策略。

（3）熟悉消费者性格的类型及不同性格类型消费者的消费行为表现。

（4）熟悉不同能力消费者的消费行为，掌握对其的营销策略。

能力目标

（1）能正确认识不同消费者的消费行为。

（2）能根据不同消费者的个性心理，采取相应的营销策略。

素质目标

（1）树立正确的消费观。

（2）学会尊重他人不同的个性。

模块一 了解消费者的个性

案例导入

消费活动中的不同表现

晓燕和文丽是大学同学，虽然大学毕业已经两三年了，但两人感情依旧很好。她俩收入水平差不多，经常约着一起去逛街。

一次，她俩约好周末一起去一家未去过的商场。文丽已经提前做过功课，知道这家商场都有哪些品牌的服饰、化妆品，还想好了这次一定要去某家知名餐厅“打卡”，甚至她还事先在点评网站上搜索过商场里各家店铺的评价。而晓燕事先没做什么了解。

到商场后，她俩决定从一楼开始逛。晓燕看到很多东西都很喜欢，最后在文丽的建议下，在一楼买了两件衣服。文丽按自己的计划，买了两盒已使用多次的某品牌面膜。

虽然已经买了两件衣服，晓燕还是看到喜欢的东西都想买。在一家服饰店，晓燕又看上了两款外套，但因为家里外套已经很多了，就决定只买其中一件，可她自己又拿不定主意买哪件。纠结了半天，她听取文丽和营销人员的建议，买了黑色的那款。文丽事先想好要买一双帆布鞋，很快便选定目标买了下来。在陪晓燕选衣服的过程中，文丽也看中了一条裙子，但因为没打算买裙子，且平常不经常穿，就没买。

到饭点时，晓燕说想先看看都有什么餐厅，再决定去哪家吃。逛了一圈后，好几家店晓燕都想去，最后就让文丽决定。于是，她们就去了文丽一直想去的那家餐厅。

思考：晓燕和文丽在消费活动中的表现有哪些不同？分别体现了她们什么样的个性？

一、个性的概念

个性是指个体在先天生理因素的基础上，在社会生活实践中形成的相对稳定的心理特征的总和。个性的形成和发展既受人的生理基础的影响，又受社会环境、生活经历和家庭背景等因素的影响。因此，个性既具有生理属性，又具有社会属性。前者主要表现在人的天资、气质等方面，后者主要表现在人的性格、能力和兴趣等方面。

个性是个体独有的，并区别于他人的整体特征。因此，每个消费者的个性都是不同的，在消费活动中的行为表现也各不相同。例如，有的消费者细致入微，会对商品进行反复比较和仔细检查，有的消费者粗枝大叶，只要款式喜欢就毫不犹豫地购买。

二、个性的特征

（一）稳定性

稳定性是指人的个性一旦形成，就会长期存在。例如，有的消费者比较理智，买很多东西时，都会认真考虑，非常谨慎地做决定。而那些偶然出现的心理特征则不能称之为个性。例如，理智的消费者偶尔进行一次冲动购物，也不能说他的个性改变了。

（二）可塑性

可塑性是指一个人的个性虽然具有稳定性，但也会随着年龄的增长、环境的变化和经历的丰富等，发生改变。

课堂互动

你的个性是什么样的？从小到大有什么变化吗？个性对你的消费行为有什么影响？

（三）独特性

独特性是指每个人的个性都是独一无二的，都有与他人不一样的地方。例如，有的消费者比较开放，喜欢追求时尚；有的消费者比较保守，喜欢传统的东西。

三、个性对消费行为的影响

（一）消费者个性的稳定性决定消费行为的稳定性

扫一扫

消费者的个性

消费者个性的稳定性决定了他们的购买需求、购买方式和购买习惯等在一定时间内也会保持稳定，有的甚至一生不变。例如，有些消费者喜欢喝某个品牌的牛奶，就会长时间购买；有些消费者喜欢去实体店买菜，就会长期使用这种买菜方式。因此，企业应保证产品的质量，并不断改善服务，努力使消费者满意，以培育更多的忠实客户。

营销案例

更完美的产品　更忠实的客户

自成立之初，蒙牛便发出“没有质量，一切都是负数”的宣言。多年以来，蒙牛也确实是这么做的。蒙牛以质量为立业根基，以品质为驱动，不断完善“从牧草到餐桌”的全产业链质量管理，将产品品质提升到世界一流水平，建立了良好的口碑。

奶源是乳业的源头，是乳品品质的最根本保障。蒙牛通过前瞻性的全球优质奶源布局，构建全球供应链生态圈。目前，蒙牛海外奶源已经布局澳大利亚、新西兰等多个国家，国内奶源覆盖20多个省、自治区、直辖市，通过30多个奶源基地、千座牧场、百万头奶牛保障源头质量。

高品质乳品的诞生，还需要将严格的质量及品质管控贯彻到“从牧草到餐桌”的每一个环节。蒙牛不断深化全产业链数字化、智能化改造，实现了产品质量全生命周期的精准管理和追溯。

在蒙牛的全程透明可追溯系统中，从每头奶牛的身份档案开始，到生鲜乳进厂后生成二维码，再到产品生产形成批次，最后到流通和销售环节的订单数据，全过程可追踪管理。

在消费者体验环节，蒙牛通过设立12个维度、29个关注点的管理方案，全方位收集消费者在配方设计、包装成型和终端陈列等细分领域的真实意见，不断提高产品的品质。

蒙牛相信，只有持续在精益求精中淬炼高品质细节，不断提升质量安全管理水平，才能持续为中国及全球消费者提供更完美的产品、更专业的服务，才能赢得消费者信赖，培育更多忠诚客户。

（资料来源：新华网，有改动）

（二）消费者个性的可塑性决定消费行为的可诱导性

消费者的个性在一定条件下是可塑的，即消费者的个性发生变化，其消费行为也会随之改变。例如，一个消费者以前比较节俭，喜欢买物美价廉的商品，去大城市后，受周围人的影响，更注重商品的品牌。

对此，企业可通过开发新产品，引发新的消费潮流，来影响消费者的个性，进而诱导他们产生新需求。例如，服装企业设计并制作破洞裤（见图2-1），引发一种新时尚，诱导很多消费者产生购买行为。

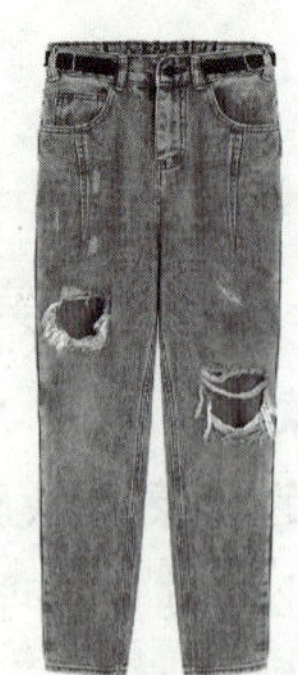

图 2-1　破洞裤

（三）消费者个性的独特性决定消费行为的多样性

消费者的个性具有独特性，因此他们的购买需求、购买方式和购买习惯等自然也是不同的。例如，有的消费者喜欢喝稠一点的豆浆，而有的消费者喜欢喝稀一点的豆浆；有的消费者喜欢网购，而有的消费者喜欢去实体店购物。对此，企业应尽可能开发较多的产品，以满足不同消费者的需求；尽量提供多种服务方式，适应不同消费者的购买习惯。

模块二　分析消费者的气质

案例导入

某商场的意见征询

某大型商场为了改善服务态度，提高服务质量，开展了一次顾客意见问卷调查。调查问卷中的一道题目是“如果您去商场退换商品，但售货员不予退换，您会怎么办？”，顾客的回答主要有以下几种。

（1）耐心沟通：尽自己最大努力，耐心解释退换商品的原因，直至商品得以退换。

（2）自认倒霉：安慰自己商品又不是商场生产的，吃点亏算了，下一回吸取教训就是。

（3）灵活变通：先换个好说话的售货员要求退换。倘若不行，再找店长或商场相关负责人直至解决问题。

（4）据理力争：绝不退缩，坚决与售货员抗争到底，倘若得不到解决，便会向

有关部门投诉或在网上曝光这件事。

思考：为什么不同顾客的处理方式会不一样？造成这种差异的原因是什么？

一、气质的概念

气质是人的个性特征之一，是指人的心理活动或行为的动力方面的个人特点，反映个体心理活动的速度、强度、稳定性和指向性。其中，心理活动的速度是指知觉的快慢、思维的敏捷性等；心理活动的强度是指情绪的强弱、意志努力的程度等；心理活动的稳定性是指情绪的起伏变化、注意力集中时间的长短等；心理活动的指向性包括外倾性和内倾性，外倾性的人倾向于从外部事物和他人那里获得心理需求的满足，内倾性的人更喜欢体验自己的情绪，分析自己的思想。

气质是在先天生理素质的基础上形成的，具有先天性的特点，且没有好坏之分。在现实生活中，我们可以在很多人身上看到与生俱来的秉性。例如，有的人从小到大都很安静，不爱说话，有的人生性活泼开朗，喜欢与人交流。虽然受后天环境因素影响，人的气质也会发生改变，但变化非常缓慢。

小提示

心理学中的气质与日常生活中所讲的气质是两个完全不同的概念。日常生活中所讲的气质，一般是指人的姿态、长相、穿着、性格和行为等的综合表现，是给他人的一种整体印象。例如，如果一个人不仅容貌出众，而且举止、谈吐，各方面都很得体，那其他人就会感觉这个人很有气质。

二、气质的类型

古希腊的著名医生希波克拉底认为人体内有血液、黏液、黄胆汁和黑胆汁四种体液，并根据这些体液混合比例的不同，把人的气质分为多血质、黏液质、胆汁质和抑郁质四种类型。其中，血液比例占优势的为多血质，黏液比例占优势的为黏液质，黄胆汁比例占优势的为胆汁质，黑胆汁比例占优势的为抑郁质。

扫一扫

四种气质类型

希波克拉底对气质类型的分类虽然缺乏科学根据，但易于理解，且生活中确实有这四种气质类型的典型代表人物，所以一直沿用至今，被许多学者所采纳。

（一）胆汁质

这种气质类型的人精力旺盛，情绪两极化明显，直率热情，善于交际，有顽强的拼劲，但缺乏耐心，注意力易转移，且脾气暴躁，容易冲动，具有外倾性。这种气质类型的典型代表人物有《三国演义》中的张飞、《水浒传》中的鲁智深和《西游记》中的猪八戒等。

（二）多血质

这种气质类型的人活泼好动，乐观开朗，感情易外露，反应迅速，接受力强，兴趣广泛但不持久，注意力易转移，情感丰富但不够稳定，做事粗心大意。这种气质类型的典型代表人物有《红楼梦》中的王熙凤、《三国演义》中的曹操等。

心理小课堂

客户的投诉心理

某公司经研究发现，大多数重复投诉的客户在气质类型上属于胆汁质型和多血质型。这两类气质类型的客户情绪兴奋度高，抑制能力差，特别容易冲动。他们在投诉时的心理主要有三种：

（1）来发泄的心理。这两类客户通常会带着怨气、怒气来投诉，目的是把自己在服务过程中产生的不良情绪发泄出来。这样，客户不悦的心情便会得到缓解。

（2）求尊重的心理。这两类客户的情感极为丰富，他们在进行投诉时，总希望服务人员承认他们的投诉是对的和有道理的。他们最希望得到的是同情、尊重和重视，同时希望服务人员向其表示道歉并立即采取相应的措施等。

（3）补救的心理。这两类客户投诉的目的在于补救，包括财产上的补救和精神上的补救。

（三）黏液质

这种气质类型的人情绪不易激动，安静沉稳，喜欢沉思，善于克制忍耐，做事踏实，慎重细致，具有韧性，但反应缓慢，不够灵活，易固执己见，情绪不易外露，具有内倾性。这种气质类型的典型代表人物有《水浒传》中的林冲、《红楼梦》中的薛宝钗和《西游记》中的沙和尚等。

（四）抑郁质

这种气质类型的人细心谨慎，办事稳妥可靠，情感体验深刻、持久，但胆小、孤僻、多愁善感、不善交际，且非常敏感，遇到困难或挫折易退缩。这种气质类型的典型代表人物有《红楼梦》中的林黛玉。

在现实生活中，只具有某一种气质类型的人很少，大多数人的气质介于四种类型的中间状态，或是以一种气质类型为主，兼有其他气质类型的特点。

课堂互动

说一说你属于哪种气质类型的人，或以哪种气质类型为主，并说一些具体的特点。

三、不同气质类型消费者的消费行为及营销策略

（一）胆汁质型消费者

这类消费者选购商品时，言谈举止显得匆忙，他们一般碰到第一件合意的商品就想直接买下，不愿意花太多时间反复比较和思考，若购买需要等待时，他们就容易感到烦躁。在购买过程中，这类消费者表情外露，心直口快，能够直率地表达自己对有关商品和服务的看法和态度。

接待这种类型的消费者，营销人员应态度友好，应答及时，动作迅速，避免让消费者等待太久。营销人员还要多注意消费者的表情和言行，并据此及时调整营销策略，让消费者保持心情愉悦，促使他们尽快完成消费行为。

（二）多血质型消费者

这类消费者在消费活动中，通常会积极主动地向营销人员咨询所要购买商品的信息，有的消费者还会主动告诉营销人员自己购买商品的原因和用途，希望营销人员能帮助其进行选购。但他们易受周围人和环境的影响，注意力容易转移。

对于这种类型的消费者，营销人员应主动与之交流，积极向其介绍商品，主动为其出谋划策，并加以引导，使消费者专注于自家商品，缩短购买过程。

（三）黏液质型消费者

这类消费者选购商品时比较慎重，喜欢独自慢慢地研究想要购买的商品，并经过认真考虑后才选择购买。在购买过程中，他们善于控制自己的情绪，情绪很少外露，且不易受广告宣传、商品包装及他人意见的影响，甚至不喜欢营销人员的过分热情。

对于这种类型的消费者，营销人员要注意分寸，不要紧跟着他们，更不要急于向他们推销商品。回答这类消费者的问题时，营销人员的语言要简明扼要，尽量不要掺杂主观意见。同时，营销人员还要有耐心，允许这类消费者慢慢挑选商品。

（四）抑郁质型消费者

这类消费者在选购商品时，仔细认真，往往能观察到别人留意不到的地方，或能发现商品的细微之处。在购买过程中，他们不愿与营销人员沟通，对于营销人员的介绍心怀戒备，也不太相信自己的判断，因此决策过程缓慢，还常因犹豫不决而放弃购买。

对于这种类型的消费者，营销人员要有耐心，尽量做到体贴、细致、周到。在消费者选购商品时，营销人员可认真观察消费者的表现，并在合适的时候，主动提供帮助，同时要注意沟通方式，避免引起消费者的敏感反应。

模块三 熟知消费者的性格

案例导入

小张一家人的消费习惯

小张家共四口人，爸爸、妈妈、小张和妹妹。小张的爸爸再过几年就要退休了，妈妈去年刚退休，小张已参加工作六年，妹妹刚工作一年。虽然他们一家人住在一起，但他们的消费习惯可是各不相同。

小张的爸爸买很多东西时都比较随意，如他去超市买盐时，货架上的盐随便拿一袋就放进了购物车里，不会对不同品牌的盐进行比较和选择。而他在买剃须刀时，习惯买已购买了很多年的那个品牌，不会买没买过的品牌。

小张的妈妈比较节俭，无论买什么东西，都喜欢与同类商品进行仔细比较，然后选择性价比最高的那个。她还有点保守，很少购买新上市的商品。

小张买东西时，会结合自己的实际需要进行选购，对不同商品的选购标准不一样。例如，他买鞋子时，会选择质量好的，价格高一些也能接受，而买牙膏、洗衣粉等生活用品时，比较随意，对品牌、价格等没有太多要求。

小张的妹妹活泼开朗，喜欢与人打交道，买东西时经常与营销人员聊得热火朝天。她很喜欢逛街，看到很多东西都想买，虽然她买的不少东西用过一两次就不用了，但她还是一直这样，因此有时工资都不够花。

思考：小张一家人的消费习惯为何不同？分别反映了他们什么样的性格？

一、性格的概念

性格是指人对客观现实的稳定态度和在习惯了的行为方式中所表现出来的个性心理特征。例如，勤劳、果断、懦弱和虚伪等都是对性格的描述。一个人对客观现实的稳定态度决定了他的行为方式，而习惯了的行为方式又体现了他对客观现实的态度。例如，一个消费者性格豪爽，那么我们可以判断他在消费活动中，做决策时会很果断；一个消费者总是能买到性价比很高的商品，可以推断他很认真细致。

心理小课堂

性格与气质的关系

性格与气质之间有明显的区别。性格受先天遗传因素的影响较小，而受后天环境因素的影响较大，虽然其也有一定的稳定性，但可塑性较强，有明显的好坏之分。例如，在超市购物，乐于助人的消费者可能会帮人拿取位于货架高层的商品；自私的消费者可能会为了节省时间插队结账。而气质受先天遗传因素的影响较大，后天环境因素对其影响较小，因此具有较强的稳定性，变化极为缓慢，没有好坏之分。

性格与气质又相互渗透、彼此制约。性格制约着气质的表现，如在消费活动中，一个具有注意力易被转移特点的多血质型的消费者，若其性格比较坚定，那么他在挑选商品时会比较专注，不容易被转移注意力。气质又影响性格的形成和发展速度，也影响性格的表现形式。例如，同样是对人友善的性格，胆汁质型的消费者对营销人员的态度多表现为直爽热情，而黏液质型的消费者则多表现为温柔宽厚。

二、性格的特征

性格是十分复杂的，具有多方面的特征，主要体现在以下四个方面。

（一）性格的态度特征

性格的态度特征是指一个人对客观现实的态度，即其在处理社会各方面关系时表现出的特点，主要表现在三个方面：一是对社会、集体和他人的态度，如是大公无私还是自私自利，是热情还是冷漠等；二是对工作、学习、生活等的态度，如是认真细致还是粗心大意，是勤奋还是懒惰等；三是对自己的态度，如是谦虚谨慎还是狂妄自大，是自信还是自卑等。

（二）性格的意志特征

性格的意志特征是指一个人自觉调节自己的行为和行为努力程度方面的性格特点。它主要表现在四个方面：一是行为目标方面的特点，如是高瞻远瞩还是鼠目寸光，是目标清晰还是目标模糊等；二是对自己的行为调节方面的特点，如是积极主动还是消极被动，是自制力强还是自制力弱等；三是在紧急或困难情况下表现出来的特点，如是沉着镇定还是惊慌失措，是勇敢坚强还是胆小懦弱等；四是在长期工作中表现出来的特点，如是坚持不懈还是半途而废，是严谨还是马虎等。

（三）性格的情绪特征

性格的情绪特征是指一个人情绪变化的程度及有意识地控制情绪方面的特点。它主要

表现在两个方面：一是情绪反应的程度，如买到过期的食品时，有的消费者反应强烈，感到非常愤怒，会立刻投诉商家，而有的消费者反应很小，若商家愿意退换则很快就会消气；二是情绪的稳定性，有的消费者善于控制自己的情绪，情绪稳定，而有的消费者情绪起伏较大，容易感到激动、兴奋、愤怒、气恼等。

（四）性格的理智特征

性格的理智特征是指人们在认知客观事物的过程中表现出来的个体差异方面的特点。例如，在消费活动中，有的消费者善于想象，能根据商品的文字描述或营销人员的介绍等，在脑海中形成对商品比较直观的印象，而有的消费者想象力差，难以构建对商品的认知；有的消费者能对商品有较全面的认识，而有的消费者只能看到商品的一部分特点。

三、性格的类型及消费行为表现

消费者的性格主要反映在一些稳定的心理活动和行为方面，如消费态度、消费习惯、情感特点等，因此，可从不同角度对消费者的性格进行分类。

（一）以心理活动的倾向分类

根据心理活动倾向于外部还是内部，消费者的性格可以分为外向型和内向型。

1. 外向型

这类消费者活泼开朗，善于交际，容易适应环境的变化。在消费活动中，他们喜欢与营销人员交流，有问题时会主动询问。这类消费者比较果断，很爽快，可能会冲动消费。

2. 内向型

这类消费者沉默寡言，感情不外露，不善交际。在消费活动中，他们喜欢自己观察体验，不喜欢与营销人员交流，并且往往有自己的见解和主张，不会轻信他人。

（二）以消费态度分类

根据消费态度的不同，消费者的性格可以分为节俭型、保守型、自由型和顺应型。

1. 节俭型

这类消费者勤俭节约、讲究实用，喜欢物美价廉的商品。他们选购商品时，通常比较注重商品的质量与实用性，不注重商品的外观，不追求商品的品牌与名气，不喜欢华而不实的商品，不易受商品外在包装和广告宣传的影响，对于营销人员的推荐和介绍一般持较为客观的态度。

2. 保守型

这类消费者的消费态度严谨，习惯于传统的消费方式，对新产品常常持有一定的怀疑和抵制态度，对新观念接受比较慢。他们喜欢选购已使用多次的商品，不愿冒险尝试新产品。

3．自由型

这类消费者的消费态度比较随意，没有长久、稳定的消费模式，他们比较注重商品的外观，易受购物环境及商品广告宣传的影响。他们在选购商品时，经常根据实际需要和商品种类的情况，采取不同的选择标准。例如，买电视、空调等大件商品时，自由型消费者可能更注重品牌，想买质量有保证的商品，而买垃圾袋、扫帚等小件物品时，他们就比较随意，没有什么特殊要求。

4．顺应型

这类消费者态度随和，生活方式大众化。他们一般不购买标新立异的商品，但也不固守传统。他们的消费行为较易受同事、邻居、亲戚等相关群体的影响，并能随着社会发展不断调节、改变。例如，随着身边越来越多的人使用手机支付，顺应型消费者也慢慢改变用现金支付的消费习惯，开始使用手机支付。

（三）以购买方式分类

根据购买方式的不同，消费者的性格可以分为习惯型、慎重型、挑剔型、被动型和冲动型。

1．习惯型

这类消费者通常根据自己以往的购买经验实施购买行为，受社会时尚和社会潮流的影响较小。他们一旦熟悉并信任某品牌的商品后，便会长期购买，并逐渐形成习惯，不会轻易改变。

2．慎重型

这类消费者在采取购买行动之前，会广泛收集信息，进行周密考虑。选购商品时，他们喜欢利用自己的购物经验，对同类商品进行认真、详细的比较，在权衡各种利弊之后再做决定。

3．挑剔型

这类消费者购买经验比较丰富，且对商品有一定的了解。他们在选购商品时，主观性强，很少征询他人的意见，并且善于观察别人不易观察到的细微之处，因而检查商品极为仔细，有时甚至达到苛刻程度。

4．被动型

这类消费者缺乏购买经验，且对商品不了解。他们选购商品时，缺乏自信和主见，希望得到营销人员或同行人员的帮助。他们的消费行为呈消极被动状态，常常是奉命购买或代人购买。

5．冲动型

这类消费者喜欢追求时尚，乐于尝试新产品。选购商品时，他们更多的是凭直观感觉，且易受广告宣传和商品包装的影响，而对商品价格、性能考虑不多，常因一时冲动而实施购买行为。

课堂互动

请回想你自己的购买方式，说一说你属于哪种性格类型的消费者，并举例说明。

四、对不同性格表现的消费者的营销策略

在消费活动中，不同性格的消费者在选购商品的速度、言谈、对营销人员的态度等多个方面，表现都不一样。因此，营销人员可通过观察消费者在这几个方面的表现，来采取相应的营销策略，促使消费者顺利完成购买行为。

如何接待挑剔型的消费者

（一）对待选购商品速度不同的消费者的策略

不同性格的消费者选购商品时，速度不一样。有的消费者成竹在胸，能很快决定要购买的商品，而有的消费者优柔寡断，需要较长时间决定买不买或买哪件商品。对选购速度快的消费者，营销人员说话、动作等也要相对快速，避免让消费者等太长时间。对购买速度较慢的消费者，营销人员一定要有耐心，不能急躁，更不能表现出不耐烦。

用心服务　真诚待客

全国劳模马海燕，在商场珠宝柜台担任营业员时，个人销售额在行业内一直保持上海市第一，而这靠的是她热忱的待客服务。

一次，一位老太太在钻石挂件的柜台前走来走去，拿不定主意。“您好，请问您有什么需要？”看到老太太的模样，马海燕主动迎上前，热情地招呼。老太太一边打开手上挂着的袋子给马海燕看，里面存放的是一堆一元票面的零钱，一边说：“儿子讨老婆了，想给儿媳妇买个礼物，送什么呢？”在马海燕的建议下，老太太看中了一条碎钻镶嵌的挂件，当即准备买下。马海燕心想，这些钱都是老太太得来不易的，而且这份礼物也是送给儿媳妇的见面礼，所以这些钱更应当花得慎重而值得。于是，她对老太太说：“老人家，请您稍等！请问，您未来儿媳妇在上海吗？如果在的话，我们不妨先问问她的意见？”然后，马海燕把清点好的零钱还给老太太，还询问了老太太的住址。下班后，马海燕带着钻石挂件找到老太太的住所，让她儿媳试戴满意之后，才收下钱，递上发票。

同样的故事还有很多。在工作中，马海燕总是“跨”过柜台，朝着消费者走近一步，以心交心，将性价比最高、质量最佳的商品推荐给消费者。

（资料来源：劳动观察网，作者黄嘉慧，有改动）

（二）对待健谈或寡言的消费者的策略

由于性格的不同，有的消费者爱说话，喜欢和营销人员交谈，而有的消费者不爱说话，不愿和营销人员进行不必要的交流。营销人员在服务爱说话的消费者时，要保持热情，应答得体，可适当多提供一些与商品相关的信息。对待不爱说话的消费者，营销人员可让他们自行选购，并不时观察他们的面部表情和目光注视方向等，了解他们的需求，并在他们需要帮助时，主动与他们交流，提供服务。

（三）对待轻信或多疑的消费者的策略

有的消费者对商品了解不多，更愿意接受营销人员的意见，而有的消费者比较多疑，不会轻易相信营销人员所说的话，对商品会有自己的判断。对待前一类消费者，营销人员要客观地介绍商品，帮助消费者挑选合适的商品，给消费者留下诚实可信的印象，促使他们成为回头客。为后一类消费者提供服务时，营销人员不能过分热情，应在对商品做适当介绍后，让消费者自行观察和选择。

模块四　熟悉消费者的能力

案例导入

消费能力因人而异

晓雅、芳芳和雪迎是住在同一个宿舍的大三学生。她们现在用的手机都是刚上大学时买的，有时会出现卡顿、死机现象，因此都想换一部新手机。她们看中了A品牌今年新出的一款专门为年轻人设计的手机。这款手机拍照功能很好，价格也适中，因此三人打算周末结伴去A品牌专卖店购买。

晓雅现在用的这部手机就是她自己挑选并购买的，她对手机有一定的了解。在去A品牌专卖店前，晓雅还先在网上查询了目标手机的一些信息，了解了这款手机机身颜色都有哪些、存储容量都有多大、屏幕尺寸多大、摄像头像素多少等信息。最终，晓雅决定购买机身为釉白色、内存为8+256G、屏幕6.4英寸、摄像头5 000万像素的B型号手机。

芳芳现在的这部手机，购买时仅仅是因为外观好看，手感好，价格也能接受。可以说，她对手机没什么了解。这次，她也只是事先查询了A品牌这款手机的外观和价格。

雪迎现在用的这部手机是父母买好送给她的，因此她没有一点买手机的经验，不知道买手机前要了解什么。

到了A品牌专卖店后，营销人员先对晓雅她们打算买的那一款手机做了介绍，又推荐了一款正在促销的手机。听完介绍后，晓雅仍然坚定要买原本看中的那款手机，芳芳也是，但纠结是买内存8+128G的还是8+256G的，而雪迎决定买正在促销的那款手机。

思考：是什么决定了晓雅、芳芳和雪迎三个人购买手机的表现不一样？请试着分析她们三个人的消费能力。

一、能力的概念

能力是指人们完成某种活动所必须具备的，并且直接影响活动效率的个性心理特征。活动的内容和性质不同，对能力的要求也不同。例如，进行消费活动，需要有对商品的感知、记忆、想象和辨别等能力；从事营销工作，需要有灵活而敏捷的思维能力、良好的沟通能力等。

人的能力是在先天遗传因素和后天环境因素的影响下，通过个人努力逐步形成的，具有较高的可塑性。例如，有的消费者原本想象能力差，在网上购买衣服时，看到图片，不能想象衣服穿在自己身上的样子，随着网购次数的增加，想象能力有所增强，现在看着图片就能想象自己穿上后的效果了。

二、消费能力

消费能力主要是指在消费活动中，消费者对商品的感知能力、分析评价能力和选购商品时的选择决策能力。

（一）感知能力

感知能力是指消费者通过各种感觉器官对商品个别属性及整体属性反映的能力。通过这种能力，消费者可以了解商品的外观、气味、轻重、大小等各方面的特点，从而形成对商品的初步印象，为分析评价商品提供依据。例如，消费者买衣服时，先看衣服的颜色、款式、长短等，再去摸一摸衣服布料的好坏、厚薄等。

消费者感知能力的差异主要表现在感知的速度、准确度和敏锐度上。例如，感知能力强的消费者能较快地形成对商品的初步印象，感知能力弱的消费者则需要花更长时间；感知能力强的消费者能发现商品不易察觉的优点或缺点，感知能力弱的消费者则难以发现商品的不足之处。

（二）分析评价能力

分析评价能力是指消费者对商品形成初步印象后，根据营销人员的介绍和自己的相关经验，对商品的优劣、好坏做出判断的能力。分析评价能力强的消费者能更快、更全面地评价商品，清楚商品的优缺点、适用场合、与同类商品的比较结果等，进而做出正确的购买决策，而分析评价能力弱的消费者难以对感知到的众多信息进行归纳、梳理，无法做出准确的分析、判断，因而可能做出错误的购买决策。

例如，面对同一双高跟鞋，分析评价能力强的消费者会考虑到鞋子的穿着场合、使用频率、价格等多种因素，认为只有在晚宴场合才能穿，因此决定不购买；而分析评价能力差的消费者只看到鞋子漂亮，价格又便宜，便冲动地决定买下这双只能“束之高阁”的鞋子。

（三）选择决策能力

选择决策能力是指消费者在对商品进行充分认识、分析评价后，及时做出购买决定的能力。选择决策能力强的消费者能很快决定买不买，具体买哪件商品；而选择决策能力弱的消费者容易犹豫不决，需要更多时间进行决策。例如，面对打折促销的商品，选择决策能力强的消费者认为自己暂时不需要，就决定不买；而选择决策能力弱的消费者既不想错过打折优惠的机会，又怕放过期，最后浪费掉，就陷入纠结之中。

消费者以上三种能力的强弱除与消费者的自身素质有关之外，还与商品因素有关，因此不是固定不变的。当消费者对所要购买的商品比较熟悉，有购买经验和使用经验时，其消费能力就会比较强，反之，就会弱一些。

心理小课堂

特殊能力

特殊能力是指人完成某种特殊活动所必须具备的能力，如飞机驾驶能力、计算机编程能力和表演能力等。在消费活动中，特殊能力是指消费者购买和使用某些专业性较强的商品应具有的能力，通常表现为以专业知识为基础的消费技能。例如，购买古玩字画就需要消费者对其了解足够多，且具备鉴赏力、分辨力等特殊的消费能力，否则很容易买到赝品。

由于特殊能力是针对某一类或某一种特定商品的消费而言的，而商品的种类有很多种，因此，消费者的特殊能力也有多种多样的表现形式。例如，有的消费者精通电子产品，有的消费者熟悉汽车专业知识，有的消费者对古玩字画具有极高的鉴赏力。

三、不同能力消费者的消费行为及营销策略

根据消费者对商品的感知能力、分析评价能力和选择决策能力的水平不同，可将消费者大致分为成熟型消费者、一般型消费者和缺乏型消费者。

（一）成熟型消费者

成熟型消费者各方面消费能力都很强。他们通常对所要购买的商品非常了解，而且有长期的购买和使用经验，其内行程度有时甚至超过了营销人员。他们在消费活动中，往往表现得比较自信、坚定，能顺利且快速地完成消费行为。

对于这类消费者，营销人员应尊重他们的意见，仅在他们需要时，及时提供帮助，而不必过多地解释和推荐。

（二）一般型消费者

一般型消费者各方面消费能力都处于中等水平。他们对所要购买的商品有一定的了解，但缺乏相应的消费经验，无法对商品做出全面而准确的评价。在消费活动中，这类消费者乐于听取营销人员的介绍，做决策时易受外界环境影响。

为这类消费者提供服务时，营销人员应主动了解他们对商品认识的程度，据此向他们介绍更多的相关信息，使消费者对商品有更全面的认识。如果消费者有疑问，营销人员要耐心解答，提出可靠的建议。

（三）缺乏型消费者

缺乏型消费者各方面消费能力水平都偏低。他们不仅对所要购买的商品了解甚少，也没有相关的消费经验，而且购买的目的性也不强。这类消费者挑选商品时不得要领，易被他人影响，常常犹豫不决，他们希望得到营销人员的帮助，以顺利完成消费行为。

服务这类消费者时，营销人员要热情真诚，对商品做详细的、实事求是的介绍，帮助消费者充分认识商品。对企业来说，可通过各种方式（如举办讲座、开展活动）增加此类消费者对产品的了解和认识，这样既能培养消费者的消费能力，扩大目标群体，又可以起到宣传作用。

“消费教育”效果好

几千年来，中国人习惯了喝茶，所以在咖啡刚进入中国时，销量不佳。为打开中国市场，某咖啡公司在中国开设第一家门店后，便开始着力推广“消费教育”。

这家公司先是为顾客举办讲座，普及咖啡知识，解答顾客对咖啡的疑问，增加顾客对咖啡的了解。后来，此咖啡公司又开设了“咖啡教室”，教顾客泡现磨的咖啡粉、学习品尝咖啡等。

结果证明，此咖啡公司的“消费教育”效果很好。如今，这家公司已在中国200多个城市开设了5 000多家门店，喝咖啡已成为很多中国人日常生活的一部分。

（资料来源：腾讯网，有改动）

课堂考核

（一）单项选择题

1.（　　）是个体独有的，并区别于他人的整体特征。

A．个性　　B．气质

C．性格　　D．能力

2．宁宁在消费过程中，常对营销人员的介绍半信半疑，她最可能属于（　　）消费者。

A．胆汁质型　　B．多血质型

C．粘液质型　　D．抑郁质型

3．下列关于消费者的性格的说法正确的是（　　）。

A．人的性格是十分复杂的，具有多方面的特征

B．性格的态度特征是指一个人情绪变化的程度及有意识地控制情绪方面的特点

C．根据消费态度的不同，消费者的性格可以分为内向型和外向型

D．保守型消费者经常根据实际需要和商品种类的情况，采取不同的选择标准

4．消费者的消费能力不包括（　　）。

A．感知能力　　B．分析评价能力

C．选择决策能力　　D．操作能力

5．接待（　　）消费者时，营销人员不必对商品做过多介绍。

A．一般型　　B．缺乏型

C．成熟型　　D．挑剔型

（二）判断题

1．一个人的个性不会因环境变化而改变。（　　）

2．因为每个人的个性都不同，所以他们的消费行为也不同。（　　）

3．有的人气质好，而有的人气质不太好。（　　）

4．胆汁质型消费者在消费过程中，不喜欢等待。（　）

5．缺乏型消费者不能变成成熟型消费者。（　）

（三）简答题

1．一个人的个性会对他的消费行为产生什么影响？

2．心理学中的气质是指什么？

3．根据购买方式的不同，消费者的性格可以分为哪几类？

（四）案例分析题

小郑在某商场的购物过程如下：因为想买一双高跟鞋，她先去了一家鞋店，一进店就有一位营销人员跟着她并热情地向她推荐，小郑感觉很不自在，随便看了看就离开了；出来后，小郑又进了另一家鞋店，这家店的营销人员向她打了个招呼便继续忙手头的工作了，小郑在这家店转一圈后挑了一双鞋，让营销人员帮她找到合适的码数试穿后，觉得还不错就买下了；之后，小郑来到一家吉他台，虽然相中了一把吉他，也听营销人员做了介绍，但因为没有购买经验，还是决定下周找个懂行的朋友一起来购买。

思考：根据小郑买鞋的过程，小郑最可能属于哪种气质类型的消费者？在买吉他这件事上，小郑的消费能力如何？

课后实训

实训目标

充分了解消费者的个性、气质、性格和能力，为以后的工作做准备。

任务概述

对20～30位同学进行访谈，了解他们作为消费者的个性心理，并做好访谈记录。采访完成后，各小组须编写一份访谈报告，并派一名代表向全班同学分享本次访谈的主要内容。

任务分配

全班学生自由组合，每组3～5人，各组选出组长并进行任务分工，将小组成员及分工情况填入表2-1中。

表 2-1　小组成员及分工情况

班级		组号		指导教师	
小组成员	姓名	学号	任务分工及时间安排		
组长					
组员					

任务准备

（1）熟悉消费者个性心理的相关知识。

（2）掌握访谈方法。

（3）掌握访谈报告的编写方法。

任务实施

按照小组分工情况开展人物访谈活动，并将具体的实施情况记录在表 2-2 中。

表 2-2　实施情况记录表

时间安排	实施步骤
	1. 确定本组访谈的对象：
	2. 确定本组访谈的提纲（另附纸）
	3. 进行访谈，并做好记录（另附纸）
	4. 总结访谈中消费者的个性心理特点（另附纸）
	5. 编写访谈报告（另附纸）
	6. 在全班同学面前进行讲解分享

课后评价

各组配合指导老师完成如表 2-3 所示的考核评价表。

表 2-3　考核评价表

考核内容	评价标准	分值	评价分数		
			自评	互评	师评
知识与技能考核（40%）	能够阐明个性的概念、特征和对消费者行为的影响	10			
	能够举例说明不同气质类型消费者的消费行为，掌握相应的营销策略	10			
	能够简要阐述不同性格类型的消费者的消费行为表现，掌握相应的营销策略	10			
	能够简要阐述不同能力消费者的消费行为，掌握相应的营销策略	10			
过程与方法考核（20%）	课前积极预习本讲的内容	5			
	课中认真听讲，并积极参与课堂互动	10			
	课后主动复习所学知识	5			
实训考核（20%）	能够结合所学知识设计访谈提纲，并根据所列提纲有条不紊地进行访谈	10			
	能够有效分析、总结不同消费者的个性心理	5			
	访谈报告结构清晰、内容完整	5			
综合素养考核（20%）	具有良好的学习态度，能够积极、认真地学习每个模块	5			
	具有正确的消费观，能够理性消费	5			
	尊重他人不同的个性，能够客观看待各种各样的消费行为	10			
合计		100			
总评	自评（20%）+互评（20%）+师评（60%）=	教师（签名）：			

第三讲

区分不同群体的消费者

——认识不同消费群体的消费心理

课前导读

具有共同特征的消费者会形成不同的消费群体，如老年消费者群体、女性消费者群体等。同一消费群体内的消费者在消费心理上，具有很多共同点，而不同消费群体之间则存在一定差异。企业若想生产适销对口的产品，就必须对消费群体有所了解。

本项目主要探究了消费群体对消费心理的影响及不同消费群体的消费心理特征，旨在帮助市场营销人员了解不同消费群体，并为其制订合适的营销策略。

知识目标

（1）了解消费群体的概念，熟悉消费群体对消费者的影响。

（2）了解少年儿童、青年、中年和老年消费群体的消费心理特征，掌握相应的营销策略。

（3）了解女性、男性消费群体的消费心理特征，掌握相应的营销策略。

能力目标

（1）能正确认识不同消费群体的消费心理特征。

（2）能根据消费者的年龄、性别，采取相应的营销策略。

素质目标

（1）感受时代的发展变化，树立四个自信。

（2）树立正确的营销观念。

模块一 了解消费群体的基本知识

案例导入

互联网评测类平台为啥“火”了？

外出吃饭，上A平台搜附近推荐；入手新产品，去B平台看看专业用户的建议……如今，互联网评测类平台已成为越来越多年轻消费者消费前“做攻略”“求推荐”的重要入口。

互联网让身处不同地区却有相同喜好、习惯的人得以相识，并依照群体特征形成各类群体。互联网评测类平台则联结相同需求的用户，为消费者做决策提供参考依据，提升用户购买意愿。

某“95后”青年小曹使用某评测平台已有3年多，她最初因自己喜欢的影视明星入驻该平台而注册。如今，她早已习惯购物前先上这个平台看看其他用户的分享内容。“比如买化妆品时，可以找到和我肤质一样、预算相近的用户写的购物笔记，有些用户会详细描述一整天的带妆感受，同时还附有对比图，很有参考价值。”小曹说，去专柜购物前，她喜欢先在该平台上做一些“功课”，这样能有更多“纠结”的时间，通过仔细考虑后到实体店就能很快完成购买行为。

虽与自己爱好、品味相近的网友素未谋面，但很信任他们，这便是许多年轻消费者的共同点。

（资料来源：人民日报，有改动）

思考：消费前，你会去网上“做攻略”吗？互联网评测类平台受欢迎说明年轻人在消费过程中会受到哪些影响？

一、消费群体的概念

消费群体是指具有某种共同特征的若干消费者组成的集合体，如青年消费群体、女性消费群体等。同一消费群体内的消费者在消费心理、消费行为和消费习惯等方面往往有很多共同之处。例如，老年消费群体内的消费者大多比较理智，不易冲动性消费；女性消费群体内的消费者大多易受商品外观、广告及购物环境的影响。

二、消费群体的分类

根据不同的划分标准，消费群体可以分为不同的类型。常见的消费群体的分类有以下几种，如表 3-1 所示。

表 3-1 消费群体的分类

分类标准		消费群体的类型
消费心理因素	组织形式	正式群体、非正式群体
	心理归属	所属群体、参照群体
	行为模式	自觉群体、回避群体
自然地理因素	国家地区	国内、国外消费群体，华北地区、西北地区消费群体，等等
	自然、环境、经济因素	山区、平原消费群体，沿海、内地消费群体，城市、乡村消费群体，等等
人口统计因素	性别	男性、女性消费群体
	年龄	少年儿童、青年、中年和老年消费群体
	教育程度	小学文化、中学文化、大学文化消费群体
	职业	医生、教师、公务员、工人等消费群体
	收入水平	高收入、中等收入、低收入消费群体
消费者心理因素	性格	勇敢或胆小、积极或消极、独立或依赖等消费群体
	心理倾向	注重实际、相信权威等消费群体
	生活方式	紧追潮流、趋于保守等消费群体

本书主要讲述根据消费心理因素进行划分的消费群体。

（一）正式群体和非正式群体

1．正式群体

正式群体是指有明确的组织目标、正式的组织结构、经常性群体活动的，且成员有着具体的角色规定的群体，如班级、学校和工作单位等。正式群体都有一定规范，这些规范可能是成文的制度、纪律，也可能是观念、情感等方面的心理规范，对群体成员有一定的约束作用。

2．非正式群体

非正式群体是指结构比较松散，为了完成某个任务或因有共同的兴趣、爱好等临时组成的群体，如课堂临时讨论小组、旅游团和参观团等。

（二）所属群体和参照群体

1. 所属群体

所属群体是一个人已经加入其中的群体，对个体的消费心理和行为有重要的影响。这种群体既可以是正式群体，也可以是非正式群体。例如，小张是某企业（正式群体）的一名员工，同时她也是某品牌口红团购群（非正式群体）的成员。

所属群体的构成一般有两种情况：一种是由爱好、兴趣等相同的个体自愿组合而成的，如摄影爱好者协会、登山爱好者协会和冬泳协会等；另一种是受自然、社会因素的制约而形成的，其不以个人的意志为转移，如山区消费群体、城市消费群体等。

2. 参照群体

参照群体是指个体在消费活动中，用以作为参照、比较的群体。消费者常把自己的消费行为与参照群体成员相比较，并试图和他们保持一致。例如，小高买手机时，想到很多朋友都用某品牌手机，于是他也决定买这个品牌的手机。

参照群体

通常，每一个消费者都会有若干个参照群体。例如，小郭买衣服时，会参照同龄人的穿衣标准；买护肤品时，会参照和自己皮肤相同的网友的选择；去餐厅吃饭时，会参照朋友的推荐。

（三）自觉群体和回避群体

1. 自觉群体

自觉群体是指消费者根据自己的年龄、性别、受教育程度和职业等自身条件自动地将自己视为其成员的群体，如小罗根据自己的年龄，把自己归到青年消费群体中。在实际的消费活动中，消费者会自觉地用这一群体的特征来约束自己的消费行为，并努力与其保持一致。

2. 回避群体

回避群体是指消费者认为与自身条件不相符的、极力避免归属的群体。在实际生活中，消费者会有意识地避免具有此消费群体特征的消费行为。例如，小孟从不买零食，因为他认为小孩子才吃零食。

三、消费群体对消费者的影响

消费群体会对其内部的消费者产生很多影响，主要体现在以下三个方面。

（一）提供商品相关信息

群体成员之间常常会互相分享自己的消费经验，提供一些商品相关信息。当消费者对所购商品缺乏了解无法做出购买决策时，其所在群体其他成员提供的有关信息能帮助他了

解相关商品，进而完成消费行为。例如，小李想买一台加湿器，但他不知道该买什么品牌、水箱容量多大的，于是他便在小区业主群询问了大家的意见。随后，他购买了大家推荐最多的一款。

（二）引起效仿欲望

当消费群体中存在效仿对象时，个体的效仿欲望就易被激发。具体来说，当消费群体中某个或某几个成员的消费行为受到其他成员的喜欢和推崇时，他们的消费行为就会被其他成员效仿。例如，小张用了某品牌的化妆品后效果非常好，她宿舍的其他人也纷纷买了这个品牌的化妆品。

小提示

效仿是指在没有外界控制的情况下，个体自觉或不自觉地重复他人做法的行为。

（三）促使消费心理趋于一致

消费者对商品的认识和评价往往会受其所在群体的影响，趋向于和所在群体其他成员的认识和评价保持一致。造成这一现象的原因主要有两个：一是因为消费群体内部往往会形成群体成员所共同遵守的群体规范，这种规范为群体成员的思想和行为确定可接受或不可接受的范围，进而对群体成员的思想和行为进行约束、调节，促使他们的消费心理趋于一致；二是群体内会形成一种团体压力，群体人数越多，群体压力就越大，这种压力能使群体成员的消费心理自觉或不自觉地趋于一致。例如，小朱想买一台洗碗机，但装修群内的大部分成员对这类产品持否定态度，于是，小朱便听从大家的意见放弃购买。

模块二　熟悉不同年龄消费群体的消费心理特征

案例导入

“95后”“00后”新一代青年的消费观

当前，“95后”“00后”为代表的新一代青年迈入社会舞台，逐步成为新一代消费主力军。有报告显示，他们的消费理念更趋理性化、多元化，主要体现在以下几个方面。

追求品质生活　“该花花，该省省”

这一代青年，在追求品质生活的同时，将“该花花，该省省”贯彻得很到位。例如，他们中有人愿意花几百元买一件衣服，花上千元买一双鞋子，但不愿意额外承担几块钱的运费；在超市可以买一大堆东西，但不愿意花几毛钱买购物袋。他们认为，“会”花钱不是爱花钱，而是能把钱花到该花的地方。

更注重精神消费　热衷于养生

在满足基本消费需求后，剩下的钱，更多的人选择用来“丰富精神世界”。例如，他们会花几百元甚至上千元买演唱会的门票、话剧的门票等。此外，这届年轻人还十分注重养生，愿意花钱办健身卡，上瑜伽课、游泳课等。

超前消费　更多是因为热爱和追求

“超前消费”是这一代青年的一大特点。其中，男生会因自己喜爱的潮鞋和手机电脑等电子产品而超前消费；女生会在自己喜欢的衣服、包等服饰用品，手机电脑等电子产品上超前消费。

有专家认为，青年人在自己的能力范围内，通过有序的资源调配，或提高生活品质，或投资提升自我，是更加开放的消费观的体现。

思考：你是“几几后”？你的消费观是否与案例中一致？你与你的同学消费观念是否大体相同？

一、不同年龄消费群体的消费心理特征

按照年龄的不同，消费群体可以划分为少年儿童消费群体（0～17岁）、青年消费群体（18～35岁）、中年消费群体（36～59岁）和老年消费群体（60岁以上）。不同年龄消费群体的生理及心理基础、社会阅历等都有所不同，因而他们的消费心理特征存在着较大差别。

（一）少年儿童消费群体的消费心理特征

少年儿童消费群体又可分为儿童消费群体（0～11岁）和少年消费群体（12～17岁）。

1. 儿童消费群体的消费心理特征

儿童随着年龄的增长，开始了学习过程，对外界事物的感觉、知觉能力不断加强，受外界刺激时，情绪情感反应也较强。总体来说，他们主要有以下消费心理特征。

1）消费需求从纯生理性向社会性发展

在婴幼儿期（0～3岁），儿童的消费需求主要表现为生理性需求，即主要为对食物、服饰、住所等方面的需求。

随着年龄的增长，儿童的自我意识逐渐增强，其消费需求开始具有社会性。在消费活动中，他们不但追求实用性，还开始考虑商品的附加功能、象征意义等。

2）消费心理从模仿型向带有个性特点发展

在学龄前期（3～6 岁），儿童的消费行为往往具有强烈的模仿性，特别是对同龄儿童消费行为的模仿。例如，一个儿童看到自己的同班同学买了某个品牌的玩具车，也要买一台同样的。

随着年龄的增长，儿童的模仿型消费心理逐渐向带有自己需求愿望、个性特点的消费心理方向发展。面对众多同类商品时，他们能够发表自己的购买意见或提出购买要求。例如，买书包时，他们不是被动地接受大人的意见，而是在众多书包中，选择自己喜欢的颜色或款式。

3）消费心理从不稳定趋于稳定

在学龄前期，儿童的消费心理非常不稳定，以至于“见一个爱一个”，买到后很容易“喜新厌旧”。而随着年龄的增长，儿童接触社会环境的机会增多，意志得到增强，调节和控制情绪的能力也在不断增强，因而消费心理逐渐趋于稳定。例如，儿童买玩具时，能选出自己最喜欢的一个，并坚持自己的选择。

4）消费心理从依赖型向独立型发展

通常，学龄前期的儿童不具备购买商品的行为能力，他们的消费行为需要长辈的帮助才能完成，表现出依赖型的消费心理。当儿童进入学龄期（7 岁以后）后，他们会逐渐具备独立购买的能力，可以独自完成一些简单的购买行为，如在学校小卖部买文具、食品等，消费心理逐渐向独立型发展。

消费新现象

儿童消费市场繁荣

当前，我国“儿童经济”发展迅速，有数据显示，2018 年我国儿童消费市场规模已经突破 4.5 万亿元。

同时，根据中国儿童产业研究中心调查结果显示，我国约有 80%的家庭，儿童支出占家庭支出的 30%～50%。对于家长来说，每到假期，带娃外出玩耍是主要的休闲娱乐项目，而对孩子的教育投入也必须“下血本”。尤其目前的儿童家长主要为“80 后”和“90 后”人群，他们的育儿理念和消费观念相比老一辈的父母更加超前，更注重亲子陪伴，也更舍得在孩子身上投入。

不难发现，近年来有关儿童、亲子消费的场所正在增加，如大型商场中引进的儿童游乐、培训教育机构等越来越多，“儿童经济”正在成为消费市场重要的一部分。

（资料来源：济南日报，作者王飞，有改动）

2．少年消费群体的消费心理特征

少年正处于儿童向青年过渡的阶段，他们在生理上快速发育的同时，心理上呈现出依赖与独立、幼稚与成熟、被动与自觉相互交织的现象。总体来说，他们的消费心理特征主要表现为以下三点。

1）有成人感，独立性增强

少年往往认为自己已经是成人了，在心理上要求得到与成人一样的权利与地位。因而，他们渴望独立自主地完成自己的消费行为，不愿受父母过多干涉，希望实现自己的消费个性，并满足自己各方面的消费需要。

2）购买行为趋于稳定

随着对社会环境认识的不断加深，少年的知识越来越丰富，兴趣趋向稳定，对商品的分析、判断、评价能力也逐渐增强。随着购买活动次数的增加，他们的消费行为趋于习惯化、稳定化。例如，少年大多能判断和评价文具店作业本的质量好坏，并倾向于购买质量较好的作业本。

3）受社会影响的比重上升

少年接触社会的机会逐渐增多，他们消费观念的形成、消费决策的确定等受社会影响（如受同学、朋友、大众传媒等影响）的比重逐渐上升，受家庭影响的比重逐渐降低。

（二）青年消费群体的消费心理特征

扫一扫

年轻人的钱花哪儿去了？

青年的生理发育已逐步成熟，且已具备独立的购买能力，有很大的购买潜力。这一群体人数众多，在整体消费市场中具有重要的地位。他们的消费心理特征主要表现在以下四个方面。

1．追求时尚，紧跟时代

青年具有内心丰富、思想活跃、感觉敏锐、富于幻想和勇于创新的心理特征。表现在消费心理方面，就是强烈地追求时尚与新潮，紧跟时代潮流，体现时代特征。他们勇于尝试新产品，乐于体验新的消费方式，往往会成为新产品或新消费方式的追求者和推广者。例如，智能手机刚上市时，购买和使用人数最多的消费群体就是青年消费群体。

2．追求个性，表现自我

青年的自我意识较强，他们追求独立自主，勇于表现自我。表现在消费心理方面，就是追求个性，希望所购买的商品有特色，能展示自我形象。例如，很多青年喜欢购买定制的小众服饰。

营销案例

定制鞋子受欢迎

青年消费群体追求个性，愿意为个性化定制商品和服务买单。为顺应这一市场趋势，某企业于2016年联手中国科学院，研发出了“识足鸟”智能脚部测试仪。

消费者站上这个智能脚部测试仪，只需几秒，便可获取54项足部特征及健康数据，包括消费者的足长、足宽、足背长、足弓高等多个维度的3D脚形数据，身体重心点、骨盆有否后倾等多方面的数值分析。同时，测试仪会将采集到的数值与数据库中的鞋款进行匹配，筛选出现有商品中最适合消费者脚型的鞋子。

选中鞋子后，通过测试仪配置的个性化定制端口，消费者可以按照自己的喜好，选择鞋子的颜色、图案、签名等外观设计，定制一双“专有”的鞋子。

凭借智能化设备，从测量消费者的脚部数据，到为消费者定制出一双鞋，只需2小时。鞋子的价格也不算高，因此受到很多年轻人的青睐。

（资料来源：中国经济网，有改动）

3．兼顾实用，趋向成熟

青年接触到的社会信息较广，心理上越来越成熟。表现在消费心理方面，就是在追求时尚、个性的同时，也会考虑商品的经济性、实用性和科学性。例如，在买手提包时，他们不仅会考虑其外观是否好看，还会考虑它的容量是否够用、材质是否结实等。

消费新现象

新国货流行：年轻人消费理性的回归

近些年，以一众本土品牌为代表的“国潮”文化兴起，正在吸引越来越多年轻人的目光。这些国货品牌，既迎合了年轻人对于潮流文化的追求和个性张扬的需要，又通过中国传统文化元素的植入进一步增强了年轻人对这一概念的认可，使得新国货成为消费市场上难以忽视的潮流。

很多“国潮”品牌都曾经是20世纪六七十年代红极一时的老字号，但在很长一段时间内，这些品牌由于种种原因陷入了停滞，给人留下陈旧、土气、行将被时代抛弃的刻板印象。

近些年，一部分老字号品牌开始尝试打破这种印象，通过产品设计和品牌形象的革新吸引年轻人的注意。例如，飞跃和回力通过更新产品种类、重塑品牌形象等手段，不仅得到了年轻人的认可，甚至还在欧洲成为价格不菲的新时尚符号；属于一代人童年回忆的大白兔奶糖则突破了传统的产品种类限制，进军咖啡、唇膏和香氛等领域，也得到了年轻人的认可。

对于年轻消费者而言，重拾自己父辈曾经偏爱的老字号品牌，也能够带来代际之间的对话和连接，通过“国潮”勾连起两代人一脉相承而又有所不同的时代记忆和身份认同。

这一消费理念的变化背后，是文化层面的观念变迁。它反映出在新的时代背景下成长起来的年轻人，在文化消费上的不再盲从，他们重新以理性看待商业品牌和商业文化。因此，从某种程度上来讲，新国货的流行，折射的是当代年轻人在品牌消费领域重回理性的过程。

（资料来源：中国青年报，有改动）

4．注重情感，时而冲动

青年的气质、性格、兴趣和爱好等还不完全稳定。因此，他们有时会受客观环境及情感的影响而进行冲动性消费。倘若商品的款式、颜色、形状和价格等任一单独的因素对其有很强的吸引力，他们可能就会冲动地购买，而不考虑自己是否真的需要或商品质量好不好等。

（三）中年消费群体的消费心理特征

中年消费者具有丰富的社会阅历和比较固定的生活方式，他们的收入比较稳定，购买力强。其消费心理特征主要表现在以下三个方面。

1．注重实用，理性选择

中年消费者注重商品的实用性和性价比，受商品外观因素的影响较小。他们更加关注商品的性能好不好，使用是否方便，是否经济耐用。例如，中年消费者在购买吸尘器时，会优先选择性价比高的，而不会过于在乎其颜色。

中年消费者很少会进行冲动性消费，他们会根据自己的实际需要，仔细分析、比较，做出理性的购买决定。

2．有主见，不受外界影响

中年消费者比较有主见，对很多商品都有较强的鉴别能力。在消费活动中，他们受广告等宣传手段的影响较小，对营销人员的推荐与介绍也有一定的判断和分析能力，通常会坚持自己的选择，不会被外界因素左右。

3．注重身份，稳定性强

中年消费者处于人生的成熟阶段，大多都有稳定的职业，收入也相对稳定。在消费活动中，他们注重建立和维护与自己身份相适应的消费标准。例如，有些中年消费者已成为企业领导，他们在购买服饰商品时，会选择价格较高的名牌商品，以彰显自己的身份。此外，中年消费者多具有自己的消费习惯，消费模式也比较稳定，尤其是在经常购买的日常生活用品上，一旦选定品牌就不会轻易更换。

（四）老年消费群体的消费心理特征

随着我国逐渐进入老龄化社会，老年人在消费市场中的地位越来越重要。他们的消费心理特征主要表现在以下三个方面。

1．消费习惯稳定，品牌忠诚度高

老年消费者在过往的生活实践中，形成了比较稳定的消费习惯，很难改变，他们不会轻易购买不了解的商品。同时，他们大多都有怀旧心理，对老字号、大品牌忠诚度很高。

2．注重实用，追求便利

老年消费者注重商品的实用性，希望商品的质量可靠、价格合理、使用方便。同时，由于体力和精力随年龄增大有不同程度的减弱，他们对便利性的追求高于其他年龄消费者。例如，老年消费者希望购物场所内有休息设施，还希望购买程序简单、说明清楚，也要求商品本身易学易用、安全舒适等。

3．存在补偿性消费心理

由于子女大多已成年并独立，老年消费者经济负担减轻，一些经济条件与身体状况较好的老年消费者会产生强烈的补偿性消费心理，即试图补偿过去因条件限制而未能实现的消费愿望。例如，一些老年人在美容美发、健身娱乐、旅游观光等方面有着强烈的兴趣并乐于进行消费支出。

消费新现象

“银发经济”前景广阔

“银发经济”又叫老年经济，它既包括传统的“衣、食、住、行、用”这些实物消费，也包括长期照护、健康管理、医疗保健、护理康复、家政服务和养老金融等服务消费，还有文化、艺术、体育、休闲和娱乐等属于“诗和远方”的新型消费，以及科技赋能下的智慧产品和服务，涵盖了国民经济的很多领域，产业链很长。

“银发经济”的发展与老龄化社会密切相关。第七次全国人口普查数据显示，我国 60 岁及以上人口达到 2.64 亿。据预测，“十四五”时期，全国老年人口将突破 3 亿。这必然会产生庞大的消费需求，意味着“银发经济”有广阔的前景。届时，老年人的需求结构会由生存型向发展型转变。这些新的老年群体，消费观念更新，消费意愿和能力更强，所以老年消费市场是巨大的。

（资料来源：央广网，有改动）

二、不同年龄消费群体的营销策略

（一）面向少年儿童消费群体的营销策略

1．区别购买与消费对象，采用不同的营销方式

学龄前儿童虽为消费者，但还不能参与购买过程，其所需商品的购买者多为其父母。因此，企业对产品的开发、设计和制造，都应从父母的消费心理出发。一般来说，学龄前儿童所需商品主要为食品、服饰和玩具。对于这些商品，父母希望其安全、卫生、质量有保证。此外，对于玩具，父母还希望既能为儿童带来乐趣，又有利于儿童的智力发展，能提高儿童各方面的能力。所以，企业在生产面向学龄前儿童的产品时，一定要保证其质量，还要考虑有益于学龄前儿童成长。

三岁以后的儿童开始影响父母的购买决策，参与购买过程。因此，生产针对这一年龄段儿童的产品时，企业除了要考虑父母的消费心理，还应考虑儿童的心理特点，生产的产品形状要丰富多样、图案要生动活泼、色彩要斑斓艳丽，以吸引儿童的注意力、刺激他们的购买欲望。

2. 注重满足消费者的多元化消费需求

少年儿童的兴趣多样，并且随着年龄的增长，他们还想展示自己的个性。为了满足少年儿童消费群体的这一需求，企业应不断开发新产品，并对已有产品进行改进，丰富它们的功能。

小天才市场份额为何排名第一？

在印度尼西亚，一位妈妈拿着一桶硬币来买 imoo 手表；在英国，一位用户在亚马逊上大谈自己为何愿意以更高的价格来购买 imoo 手表……

imoo，在国内有一个更广为人知的名字：小天才电话手表。有数据显示，2021 年在全球儿童智能手表领域，小天才市场份额排名第一，并大幅领先其他同类品牌。那么小天才为何能在激烈的行业竞争中站稳脚跟呢？

小天才于 2015 年进入儿童手表市场，当时的儿童手表要么主打定位，要么只有语音聊天功能，都没有跟手机一样的通话功能。基于这一市场空白，小天才第一款电话手表将“双向通话”功能作为产品最重要的卖点之一，而且在通话功能之外，父母可以设置“拒绝来电”，帮孩子屏蔽骚扰电话。

之后，小天才不断对产品进行创新，在双向通话、防水、低压快充等方面，都走在行业的前列。

多年来，小天才专注于儿童电话手表这一市场，一直以把用户体验做到更好为目标，使产品不仅有用、而且好玩，因此深受家长和儿童消费群体的欢迎。例如，小天才电话手表独有的 360° 旋转双摄，方便家长了解孩子所处的环境；实时定位、记录运动轨迹及一键报警等功能，很大程度上解决了孩子的安全问题；闪扣表带的创新，让孩子自己单手就能解扣手表；“微聊”“拍照”“碰一碰加好友”等功能，让孩子可以通过手表来记录生活、结识朋友。

（资料来源：人民日报，有改动）

（二）面向青年消费群体的营销策略

1. 满足青年消费者多层次的心理需要

青年消费者既需要所购商品实用，又需要其时尚，能提升自我形象。因此，企业生产的产品要能满足青年消费者多层次的心理需要，以激发他们产生购买欲望。例如，某品牌曾联名三星堆推出一款球鞋（见图 3-1），这款鞋舒适、耐磨，而且后跟上的三星堆面具装饰可拆卸，因此深受很多青年消费者的喜爱。

图 3-1　球鞋

2. 推出同类不同档次商品，满足不同收入水平青年消费者的需要

青年消费者由于职业、收入水平不同，在商品购买方面，会表现出不同的特点。例如，在购买电视机时，收入水平高的消费者可能想买清晰度高、质量好、价格高的商品，而收入水平一般的消费者可能倾向于购买价格适中的商品。因此，企业在开发同类产品时，应推出不同档次、不同价格水平的产品，以满足不同收入水平青年消费者的需要。

3. 做好售后工作，推动市场开拓

青年人通常是新产品的率先购买者，并且他们在购买使用商品后，往往会在网络平台上对商品做出评价。这会影响其他消费者的购买决策，进而影响产品的整体销售情况。因此，企业在售出商品后，应主动去了解消费者关于商品的感受和评价，并据此及时改进具体的营销策略。同时，如果有消费者投诉，企业应以积极的态度了解消费者投诉的具体原因，并及时做出相应处理，以使消费者感到满意，让他们最终对企业及产品做出肯定的评价，从而避免破坏企业形象，影响产品销售。

（三）面向中年消费群体的营销策略

1. 广告和促销活动要理性化

中年消费者追求商品的实用性、便利性，因此，企业在面向中年消费者开展广告宣传时，要靠商品的功能、效用来引起中年消费者的注意，并以实实在在的使用效果、使用人的现身说法等来证明。在现场促销活动中，营销人员在接待中年消费者时，切忌过分热情，要客观地介绍商品，尊重消费者的选择。

2．注重培育中年消费者成为忠诚顾客

中年消费者在购买商品时，往往是习惯性购买。对此，企业应做到保证商品的质量，且不要轻易改变已使用很久的商品包装，以免失去老顾客。销售现场条件具备时，还可提供贴心的服务，如提供休息区、代为照看小孩等，给消费者创造良好的购物体验，促使他们成为忠诚顾客。

（四）面向老年消费群体的营销策略

1．开发适合老年人的各类商品

当前，我国已步入轻度老龄化社会，老年消费市场广阔，消费潜力大。但与之相对的是，虽然现在市场上的商品琳琅满目，但专门面向老年人的却仍显单调。对此，企业可深入研究老年人的消费特点，尽可能多地开发、生产适合老年人的商品。例如，某鞋业有限公司深入研究老人脚型变化，研发出适合老年人脚型的鞋子。

营销案例

北京老字号餐饮推“适老”健康餐

重阳节前夕，北京多家老字号餐饮企业推出多款“适老”健康餐。例如，华天二友居利用应季食材制作了蜜枣南瓜糕，同春园饭店推出适合老年人食用的红糖发糕，同和居饭店将店内最受欢迎的烤馒头升级为更酥脆的烤花卷，护国寺小吃起源店推出了寿桃。

这些老字号餐饮企业推出的“适老”健康餐，由于符合很多老年人的饮食口味，又营养健康，销量非常好。例如，护国寺小吃起源店推出的寿桃，从重阳节前一周的周末开始，每天销量近200颗，在重阳节当日，销量接近3 000颗，可以说非常受老年消费者的欢迎。

（资料来源：新京报，有改动）

2．开展对老年人及其晚辈的双重促销

老年人用品的使用者是老人，但购买者可能是老人自己，也可能是其子女、孙子、孙女等晚辈。因此，企业为老年人用品设计广告或开展促销活动时，不仅可以面向老年人，还可以面向青年人或中年人，这样能取得更好的销售效果。面向老年人时，企业可以加大在老年人聚集的公共场所内宣传的力度，并突出商品的实用、便利等特点，以吸引老年消费者的注意。面向青年人或中年人时，企业可以尊老、敬老、爱老及团圆为主题来设计广告，以迎合青年人或中年人孝敬老人的心理，唤起他们的购买欲望。

模块三　掌握不同性别消费群体的消费心理特征

案例导入

女性消费新趋势

2022年“三八”妇女节前夕，多个平台发布女性消费数据。从数据看，当代女性消费呈现新趋势，她们的消费能力更强，消费观念在不断改变。

健身不再只追求瘦身

随着春天的到来，不少女性选择加入健身阵营。与以往不同的是，近些年，女性健身的需求已经不仅仅局限于减脂瘦身，投资自我、追求力量等成为女性健身的新趋势。

某健身平台发布的《当代女性健身洞察报告》显示，2022年，女性会员的增长较为明显，且她们的健身热情十分高涨，平均每周锻炼3～4次，平均时间为1小时。报告还显示，在女性喜爱的课程方面，“减脂塑形”的课程占比达到半数以上，其他课程也快速拓展，其中增肌、综合格斗和产后恢复等需求增长尤为明显。

出游更舍得花钱

近年来，由女性主导的消费力量正影响着各行各业，“她旅行”便是女性消费力在旅游行业中的具体表现。

某旅行平台发布的《2022“她旅途”消费报告》显示，女性旅游更舍得花钱，超四成女性选择入住四星级以上酒店。此外，超六成家庭旅行度假由女性主导，无论是目的地、预算，还是行程安排，女性都发挥着主导作用。

女性爱旅行也爱购物。某平台全球购数据表明，到免税店、奥特莱斯、一线品牌店购物的女性用户占比为64%，人均购物花费达3万元。

“悦己”消费升温

更加注重仪式感、注重个性化需求，让自己拥有更多幸福感和获得感，是当代许多女性的“悦己”消费心理。近年来，女性在消费中“悦己”支出大幅攀升。某购物平台发布的《新电商·新女性消费报告》显示，女性消费者不再将“吸引关注”“生活所需”等放在首位，取而代之的是“打扮自己”“愉悦心情”。她们变得更加独立，在消费动机和产品选择上更注重“自我表达”。

（资料来源：澎湃新闻，有改动）

思考：回想你身边女性的购物表现，她们具有什么样的消费观？

一、不同性别消费群体的消费心理特征

按照性别的不同，消费群体可以划分为女性消费群体和男性消费群体。男性和女性在生理、心理方面存在巨大的不同，这些不同深深地影响着他们的消费心理。

（一）女性消费群体的消费心理特征

你为“她经济”贡献了多少？

女性消费群体主要是指有购买能力的青年、中年、老年女性消费者。在日常生活中，她们扮演着妻子、主妇、母亲、女儿等多种角色，是女性用品、儿童用品、老年人用品、家庭用品等商品的主要购买者，甚至有些男性用品也由女性消费者代为购买。女性消费群体的消费心理主要具有以下四个方面的特征。

1. 注重美感，追逐流行

很多女性都有爱美心理，在这种心理的影响下，女性消费者在消费活动中，十分注重商品的外观，且会追逐流行，跟随时尚潮流。例如，有些女性消费者在购买护肤品时，会优先选择包装更好看的；在购买服饰时，会优先选择最新款的。

2. 注重便利性和创造性

现代社会的女性通常既要工作，又要负担家务，因此，她们对日常生活用品的便利性具有强烈的需求，希望日常生活用品能够减轻家务劳动强度、节省家务劳动时间。因此，女性消费者乐于购买洗碗机、吸尘器等商品。同时，很多女性对新的、富于创造性的商品，比较感兴趣，她们希望能为生活增添乐趣。

3. 情感丰富

大部分女性情感丰富，富于联想，在消费活动中，易受购物环境、商品包装、商品品牌的寓意等因素影响，产生不同的情感。产生积极情感时，她们通常会因此产生购买欲望，有时还会进行冲动性消费。例如，很多女性消费者路过装修温馨、浪漫的购物场所时，会产生进店看看并消费的欲望。

4. 有较强的自我意识和自尊心

女性消费者一般有较强的自我意识和自尊心，希望自己对商品的选择和评价能获得他人的认同。此外，由于女性对外界事物的反应敏感，因而在消费过程中，商品的广告宣传、营销人员的表情和言语等都可能对其产生影响，进而影响她们的消费行为。

（二）男性消费群体的消费心理特征

男性消费群体主要是指成年男性消费者。在日常生活中，他们扮演着父亲、儿子、丈夫等多重角色，是男性用品和大件商品的主要购买者。男性的消费心理主要具有以下特征。

1. 购买目标明确，较为理性

在消费过程中，男性消费者往往有明确的购买目标，进入购物场所后，他们往往直奔

目标而去，碰到符合要求的商品便果断购买，而不会花较多的时间对同类商品进行比较、挑选。此外，他们相对比较理性，不会轻易受商品广告、购物环境等外界因素的影响，很少会购买计划外的商品。

2. 力求方便、快捷

一般情况下，男性消费者希望整个消费过程方便、快捷，不愿意在消费上花太多时间和精力。例如，他们买电视时，通常会选择可满足需求的、离住处最近的购物场所线下购买，以求尽快买到。他们挑选商品时，通常不仔细，也不愿意与营销人员讨价还价。购买商品的手续繁琐、付款时排长队、提货时等待时间长等都会引起他们的反感。

消费新现象

“他经济”：中国男性消费新风潮

“他经济”又称“男性经济”，与“她经济”相对应。当前，我国男性消费在消费种类、数量和品质上都发生了不小的变化，男性消费慢慢崛起，“买买买”不再是女性的专属。男性消费的边界也不断扩张，衍生到各类生活娱乐工作场景中。

各种统计和分析数据显示，饮食、电子产品及服饰潮鞋是男性消费者日常花钱最多的品类。除了这些传统意义上具有男性标签的品类之外，美容、娱乐等领域的男性消费市场也正在打开，“颜值热”让不少男性更加关注自身仪容。据统计，2020 年医美消费人群中约有 10%为男性消费者。

此外，男性消费者在潮玩手办、动漫及电竞衍生品这些爱好消遣品类中的支出越来越多。

行业调查还显示，男性消费品位持续提升，并热衷于超前消费。男性消费者的消费频次虽然不高，但是每笔消费金额都不低，而且一旦关注并认可某个品牌，用户忠诚度就较高，其消费潜力不容低估。

（资料来源：半月谈网，有改动）

二、不同性别消费群体的营销策略

（一）面向女性消费群体的营销策略

1. 注重商品外观与包装设计

企业在开发、设计新产品，以及为已有产品设计新包装时，都要了解最新的时尚特征，使商品的外观和包装具有美感，以吸引女性消费者。例如，某化妆品的包装盒（见图 3-2）不仅外观好看，还可作为收纳盒；某饮料的包装盒（见图 3-3）清新、文艺，能吸引很多女性消费者购买。

图 3-2　某化妆品的包装盒

图 3-3　某饮料的包装盒

2. 精心布置购物场所

女性消费者易受购物环境的影响，因此，营销人员应精心布置购物场所，以激发女性消费者产生积极的情感。例如，某服饰店利用灯光营造一种独特、浪漫的感觉（见图 3-4），吸引了大量女性消费者。

图 3-4　独特、浪漫的购物场所

3. 关注女性消费者的情绪变化

在销售过程中，营销人员要时刻关注女性消费者的情绪变化，必要时及时调整营销策略，避免消费者因产生消极情绪而终止消费行为。此外，营销人员应尊重女性消费者，适度对她们进行赞美，让她们对服务和商品感到满意，促使她们进行消费。

（二）面向男性消费群体的营销策略

1. 提升产品整体质量

企业应不断提升产品的整体质量，保证产品内在价值和外在价值的统一，以品质吸引男性消费者。例如，某电器公司不断改进剃须刀产品，使其更易清洁，续航时间更长，吸

引了很多男性消费者。

2．提供便捷的服务

企业应为男性消费者提供尽可能便捷的服务，帮助他们尽快完成消费行为。例如，需要邮寄时，企业可选用用时最短的快递服务，让消费者在最短的时间内收到商品。

课堂考核

（一）单项选择题

1．（　　）是指一个人已经加入其中的群体，对个体的消费心理和行为有重要的影响。

A．所属群体　　B．参照群体

C．自觉群体　　D．回避群体

2．小曦是一名初中生，她买衣服时喜欢按自己的喜好挑选款式和颜色等，不愿听妈妈的意见，这反映了她（　　）的消费心理特征。

A．追求时尚，紧跟时代　　B．有成人感，独立性增强

C．购买行为趋于稳定　　D．受社会影响的比重上升

3．消费习惯稳定、品牌忠诚度高的消费群体是（　　）。

A．儿童消费群体　　B．青年消费群体

C．中年消费群体　　D．老年消费群体

4．菁菁买很多东西时，都会把商品的外观放在第一位，这反映了她（　　）的消费心理特征。

A．情感丰富　　B．注重美感

C．注重便利性和创造性　　D．有较强的自我意识和自尊心

5．下列选项中属于男性消费群体的消费心理特征的是（　　）。

A．注重美感，追逐流行

B．追求个性，表现自我

C．购买目标明确，较为理性

D．有较强的自我意识和自尊心

（二）判断题

1．学校是一个非正式群体。　（　　）

2．随着年龄的增长，儿童的消费心理逐渐变得稳定。　（　　）

3．中年消费者不易受购物环境的影响。　（　　）

4．男性消费者购物时通常没有明确的目标。　（　　）

5．企业可通过精心布置购物场所来吸引女性消费者。　（　　）

（三）简答题

1．消费群体对消费者有哪些影响？

2．青年消费群体有哪些消费心理特征？

3．企业可通过哪些方式来吸引男性消费群体？

（四）案例分析题

一天，小芳进入一家中高档的服装店，打算看看最近的新品。当小芳停在一件浅蓝色毛衣前时，导购很热情地介绍说："女士，这款毛衣是我们店昨天刚到的新品，版型非常好，今年最流行了！您穿起来一定很美！您买不买都没关系，可以先试试！"在导购的热情引导下，小芳进入了试衣间。试穿后，她觉得很满意，但认为1 299元的价格有点高，犹豫着是否购买。

导购见状便说："这种款式的毛衣就是专为您这种时尚人士设计的，您穿起来这么漂亮，就像量身定做的一样，若不买下多可惜呀！"经导购这么一说，小芳心里美滋滋的，顿时觉得花1 299元买这件毛衣很值得，于是便买下了。

思考：小芳最有可能属于哪个年龄的消费群体？小芳购买毛衣的过程反映了她具有什么样的消费心理特征？

课后实训

实训目标

充分了解青年、中年及老年消费群体的消费心理特征，同时提高团结合作的能力。

任务概述

对小组内的成员、自己的父母及祖父母进行调查，探索每个时代最具代表性的商品，可自己拍摄或上网查找商品照片。调查完成后，在班级内举办照片展，各小组派出代表，讲述商品背后的故事。

任务分配

全班学生自由组合，每组8～10人，各组选出组长并进行任务分工，将小组成员及分工情况填入表3-2中。

表 3-2　小组成员及分工情况

班级		组号		指导教师	
小组成员	姓名	学号	任务分工及时间安排		
组长					
组员					

任务准备

（1）熟悉消费群体的相关知识。

（2）掌握拍摄照片和修图的方法。

任务实施

按照小组分工情况开展活动，并将具体的实施情况记录在表 3-3 中。

表 3-3　实施情况记录表

时间安排	实施步骤
	1. 对小组内的成员进行调查，每人提供的商品如下：
	2. 对自己的父母及祖父母进行调查，所调查的商品如下：

（续表）

时间安排	实施步骤
	3．汇总照片，并进行适当修图
	4．组内讲述照片中的商品背后的故事 （要说明商品反映了那一代人具有怎样的消费观，还要分析三代人消费观的差异，并选择最具代表性的一组在班级内分享）
	5．抽签决定各组代表上台分享的顺序 本组顺序：＿＿＿＿＿＿
	6．班内举行照片展，各组代表按顺序上台分享
	7．交流与总结 各组成员就此次活动的情况交流感想，并请老师对本次活动的整体情况做总结性发言

课后评价

各组配合指导老师完成如表3-4所示的考核评价表。

表3-4　考核评价表

考核内容	评价标准	分值	评价分数		
			自评	互评	师评
知识与技能考核（40%）	能够阐明消费群体的概念、分类和对消费者的影响	10			
	能够举例说明不同年龄消费群体的消费心理特征，并正确分析他们消费观的差异	20			
	能够举例说明不同性别消费群体的消费心理特征，掌握面向不同性别消费群体的营销策略	10			
过程与方法考核（20%）	课前积极预习本讲的内容	5			
	课中认真听讲，并积极参与课堂互动	10			
	课后主动复习所学知识	5			
实训考核（20%）	能够有效分析、总结每一代人的消费观，并正确评价三代人消费观的差异	10			
	照片展举行成功	10			
综合素养考核（20%）	具有探究意识，能够积极探索不同年龄、性别消费群体的消费心理特征	10			
	具备时间意识，能够按时完成任务	10			
合计		100			
总评	自评（20%）+互评（20%）+师评（60%）=	教师（签名）：			

第四讲

掌握销售的钥匙

——认知消费者的购买过程

课前导读

消费者购买商品的过程由多个环节构成，即消费者的需要往往能引发相应的购买动机，购买动机又能促使其实施购买行为。充分认识消费者的需要、购买动机和行为及它们之间的关系，有助于市场营销人员了解消费者的购买过程，制订合适的营销策略，更好地进行销售。

知识目标

（1）了解消费者需要的概念、类型和特征。
（2）了解消费者购买动机的类型和特征。
（3）熟悉消费者购买行为的一般过程和类型。

能力目标

（1）能正确认识消费者的购买过程。
（2）能通过适当的营销策略，刺激消费者产生购买动机，影响他们的消费行为。

素质目标

（1）树立以消费者为核心的服务观念。
（2）能够满足消费者的不同需求，实现岗位价值。

模块一 了解消费者的需要与购买动机

案例导入

以消费者需要为主题的广告

热量型巧克力品牌士力架，曾以“饥饿”为主题推出了系列广告。例如，足球赛场上的守门员因饥饿变成柔弱的林黛玉，而在吃了一口队友给的巧克力后，立马做回了自己；高大的篮球运动员因饥饿变得瘦小，投篮时体力不支倒在地上，但吃了一口队友给的巧克力后，立马做回自己，帮助队伍取得了比赛胜利。这些独具特色、创意十足的广告抓住了消费者的“痛点”，突出了士力架“横扫饥饿”的市场定位，引起了强烈反响。

而另一巧克力品牌德芙，则在广告中尽显品牌优雅、浪漫的气质。德芙广告通过梦幻唯美的爱情片段演绎，将巧克力作为男女主角接触的关键，使德芙巧克力成为甜蜜、浪漫的象征，也成为情侣间表达爱意的首选。

“快到碗里来”则是M&M'S巧克力豆的经典广告，五彩缤纷的拟人M&M'S巧克力豆与人物的趣味互动令人忍俊不禁。色彩斑斓的巧克力豆“只溶在口，不溶在手”，欢乐有趣的聚会场景让人心生向往，这使得M&M'S巧克力豆成功打入年轻人的群体。

思考：士力架、德芙和M&M'S分别满足了消费者什么样的需要？

一、消费者的需要

（一）消费者需要的概念

需要是指个体生理和心理上的匮乏状态，即感到缺少些什么，从而想获得它们。个体在其生存和发展过程中会有各种各样的需要，如饿的时候有进食的需要，渴的时候有喝水的需要，在与他人交往过程中有获得友爱、被人尊重的需要等。

消费者的需要是指消费者对商品和服务的要求和欲望。它包含在人类的一般需要之中，是推动消费者进行各种购买行为的内在原因和根本动力。

（二）消费者需要的类型

消费者的需要有很多种，根据不同的划分标准，可以分为不同的类型。

1. 按照产生原因的不同划分

按照产生原因的不同划分，可以将消费者的需要分为生理需要和社会需要。

生理需要是指消费者为了维持生命和自身发展而产生的对客观事物的需要，这种需要是人类所共有的。例如，消费者对食物、服饰、住所和交通工具等的需要。

社会需要是指消费者为了参加社会活动、进行社会交往而产生的对劳动、友谊、知识和社会地位等的需要。

2. 按照实质内容的不同划分

按照实质内容的不同划分，可以将消费者的需要分为物质需要和精神需要。

物质需要是指消费者对以物质形态存在的、具体有形商品的需要。例如，消费者对馒头、被子、椅子和手机等商品的需要。

精神需要是指消费者对精神生活和精神产品的需要。例如，消费者对友情、亲情、美和艺术等方面的需要。

3. 按照需要的形式划分

按照需要的形式划分，可以将消费者的需要分为生存需要、享受需要和发展需要。

生存需要是指消费者为了维持生存而产生的对基本生活物品的需要，如对食物、服饰和住处等的需要。

享受需要是指消费者为增添生活情趣，实现精神愉悦而产生的需要。这种需要一方面表现在对基本生活物品的更高要求上，如要求吃的东西更好、穿的衣服更美等；另一方面表现在对文化娱乐、体育健身、旅游和社交活动等的需要上。这类需要的满足，可以使消费者在生理和心理上获得最大限度的享受。

消费新现象

健身消费潜力大

现代社会生活节奏快，人们对健康的关注度不断提升，也带“火”了相关领域的消费。其中，到健身房挥洒汗水、释放压力，成为现代人的一种时尚之选。

越来越多消费者接受“与其花钱看病，不如花钱健身”的理念，纷纷走进健身房。也正因如此，健身行业得到快速发展。据《2020 中国健身行业数据报告》显示，截至 2020 年 12 月，中国健身俱乐部门店数量约 4.5 万家（不含港澳台）。营业额排名前 10 位的健身俱乐部总营业额已经超过百亿元。

“我国健身行业的需求潜力很大，未来仍会保持较快增长。”上海一家健身管理有限公司的董事长说，从区域布局来看，在北上广深等一线城市之后，成都、杭州、重庆等地的健身工作室还有很大的增长潜力；从服务水平来看，传统的健身场馆尝试新技术、新器械，也有很大的提升改进空间；从业态方式来看，线下的健身场馆和线上的健身服务也将迎来融合发展。

（资料来源：人民日报，有改动）

发展需要是指消费者为发展智力和体力，提高个人才能，实现人生价值而产生的需要。例如，消费者对书籍、教育等的需要。

4. 按照需要的实现程度划分

按照实现程度的不同划分，消费者需要可以分为现实需要和潜在需要。

现实需要是指消费者在具有明确消费意识和足够消费能力，且市场上有相应的商品的情况下，已经或即将实现的消费需要。例如，夏天到了，小孙想买一把遮阳伞，这种需要便是现实需要。

潜在需要是指消费者将来可能实现的需要，其未能实现的原因通常包括消费者缺乏消费能力、市场上没有满意的商品或消费者缺乏消费意识等。例如，小张刚参加工作，在公司附近租房住，他想买房的需要，便是潜在需要，如果他将来收入增加，这种需要就可能被实现。

心理小课堂

马斯洛需要层次理论

美国心理学家马斯洛在其著作《动机与人格》中提出了需要层次理论，他把人的需要分成生理需要、安全需要、爱与归属的需要、尊重需要和自我实现需要五类，且将该五类需要由较低层次到较高层次依次排列，如图4-1所示。

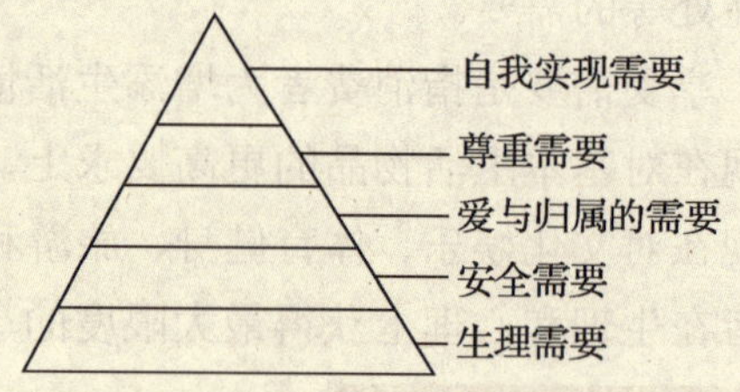

图4-1　马斯洛需要层次排列图

1. 生理需要

生理需要是指人为了满足生存需要而产生的对外界事物（如空气、阳光和食品等）的需要，它是人类维持自身生存的最基本要求。只有生理需要满足到维持生存所必需的程度后，人们才有可能产生其他方面的需要。

2. 安全需要

安全需要是指人为了保护自己的身体、精神不受威胁，或保证安全而产生的需要，如对社会环境的安定、职业的稳定和获取社会保险等的需要。

3. 爱与归属的需要

爱与归属的需要是指人希望给予和接受他人的爱，以及得到某些社会团体的重视和容纳的需要，如对结识朋友、表达爱情和参加团体活动等的需要。这种需要比生理上的需要更细致，它与一个人的生理特点、经历和所处环境等有着密切关系。

4. 尊重需要

尊重需要又分为内部需要和外部需要。内部需要是指一个人希望自己有实力，能独立自主，能应对各种情况，即自我尊重。外部需要是指人希望有一定的社会地位，

受到别人的尊重，要求自己的能力和成就受到别人的认可。尊重需要得到满足，能使人对自己充满信心，对生活充满热情，体验到自身价值。

5. 自我实现需要

自我实现需要是指人希望最大限度地发挥自我潜能并实现自己的理想，使自己越来越成为自己所期望的人。它是人的需要的顶峰，也是以上四个层次需要发展升华的结果。

（三）消费者需要的特征

1. 多样性

消费者需要的多样性具有三方面的含义。一是指不同消费者因年龄、性别、职业、生活习惯、文化水平、经济条件和兴趣爱好等方面存在不同程度的差异，需要的内容是不一样的。例如，在饮食方面，很多青年消费者喜欢辛辣食品，很多老年消费者则喜欢清淡一些的食品。二是指每个消费者都有多种多样的需要。例如，一个消费者不仅需要食物、服饰和住所，还需要看电影、听音乐和外出旅游等。三是指同一消费者对同一商品常常有多方面的需要，如既要求商品价格适中，又要求商品质量好，还要求商品外观好看等。

消费者需要的特征

对此，企业应努力生产尽可能多的产品，并不断提高每种产品的性价比，以满足消费者多种多样的需要。例如，某企业生产了香皂、洗手液等多种个人清洁产品，而香皂、洗手液又分别有多种香味，以满足不同消费者的要求。

满足消费者的多样化需要

近年来，伊利依托网络平台，实时利用大数据洞察消费者深层次需要，不断创新产品品类。2020 年，伊利推出低温牛奶、低温酸奶、儿童成长配方奶粉、成人营养品、儿童奶酪、成人奶酪棒、气泡水及高蛋白植物奶等系列新品。

此外，伊利还建立了第一个中国母乳研究数据库，为其奶粉产品做数据支撑；为了解决乳糖不耐受者饮奶后的不适症状，伊利还推出营养舒化奶，并且推出便于储藏与运输的常温酸奶。

目前，伊利产品品种已达到 1 000 多个，能充分满足消费者多样化的产品需要。

（资料来源：中国食品安全报，有改动）

2. 层次性

消费者的需要是有层次的。例如，充饥、御寒属于较低层次的需要，获得关爱、实现自我价值属于较高层次的需要。通常情况下，消费者会首先关注低层次的需要，在低层次需要得到满足后，才会追求高层次需要的满足。

针对消费者需要的层次性，企业可不断拓展自己的产品属性，为其注入更丰富的内涵。例如，某食品企业近年来生产富含膳食纤维、胶原蛋白的小零食，满足消费者健康、美容的需要。

3. 发展性

发展性是指消费者的需要不是固定不变的，而是会发展变化的。随着社会经济的发展和人民生活水平的提高，消费者的需要由低级向高级、由简单向复杂不断延伸发展。例如，以前，很多消费者只希望衣服质量好、穿得久，但现在还要求衣服款式新潮、富有个性。

消费新现象

消费者对食品的新需要

就食品而言，“好吃”曾经是最主要的参考指标，但如今“健康”已成为很多消费者对食品的新需要。相较食物本身的鲜美，糖、脂肪、热量等数值似乎更能影响甚至左右人们的选择。某企业发布的调查报告显示，截至2021年5月底，健康消费同比上一年增长50%。

据观察，越来越多的消费者认为，减少糖的摄入能有效控制体重，保持良好的身体状态。于是，不少消费者开始有意识地购买无糖食品。例如，在饮料领域，相关数据显示，有近6成消费者购买过无糖饮料，无糖饮料2019年销售额同比增长超10%，远高于饮料总体增长率。

（资料来源：央广网，有改动）

4. 周期性

消费者的某些需要得到满足后，在一定时间内便不再产生，但随着时间的推移还会重新出现，即呈现出周期性。这种周期性的需要主要受消费者的生理运行机制、自然环境变化、社会风尚、工作时间和购买习惯等因素的影响。例如，消费者总会在夏季产生对短袖上衣或裙子的需要，在秋季产生对长袖衬衣、长裤的需要；工作日时商场里消费者较少，而周末时则消费者增多。

需要注意的是，有些需要重新出现时，不是原有需要的简单重复，而要求商品在内容和形式上有所改变。例如，过年时很多人都会去看电影，但不可能永远只看一部电影或一样题材的电影。

对此，企业可定期进行广告投放，吸引消费者的注意，或向消费者推送购物提醒，如

某家服装店在换季前会向购买过其产品的消费者发放新品优惠券，用以提醒消费者前去购物。企业也应把握周期性变化规律，了解目标消费者需要的变化，并据此开发新产品或对已有产品进行改善。

5．可诱导性

可诱导性是指消费者的需要受商品广告、购物场所的环境等外部因素影响时，可能会发生变化。或由一种需要变为另一种需要，或由潜在需要变为现实需要等。例如，思思去超市买鱼时，看到香蕉降价了，就顺便买了一些香蕉。

企业可利用这一点，通过采取针对性的营销策略，诱导消费者产生对其产品的需要，促进产品销售。

二、消费者的购买动机

（一）购买动机的概念

购买动机是指引起人们购买行为，推动人们进行购买活动的内在动力。它的形成要具备一定的条件。

首先，需要是购买动机产生的基础。只有消费者感受到某种生存、享受或发展的强烈需要时，才有可能产生购买动机。例如，某消费者有提高自己工作能力的需要，进而产生了购买专业书籍、报培训班的欲望。

其次，需要产生以后，还必须有满足需要的对象和条件，才能产生购买动机。例如，一些消费者想永葆青春，但市场上还没有化妆品、药物或技术可以满足这种需要，因此消费者的这种需要还不能转变为购买动机。

（二）购买动机的类型

1．按照动机性质的不同分类

按照动机性质的不同，购买动机可分为生理性购买动机和心理性购买动机。

1）生理性购买动机

生理性购买动机是指消费者为满足生理需要所产生的购买动机，具体表现为维持生命的动机（如购买大米、水等的动机）、保护生命的动机（如购买药品、健康保险等的动机）、延续生命的动机（如购买育儿用品的动机）和发展自身的动机（如购买提高劳动技能的培训服务的动机）四个方面。

2）心理性购买动机

心理性购买动机是指消费者为满足自己的心理需要而产生的购买动机。心理性购买动机比生理性购买动机更为复杂多样，具体表现为感情动机、理智动机和惠顾动机三个方面。

（1）**感情动机**：由情绪动机和情感动机两方面组成。情绪动机是由消费者的喜、怒、哀、乐等情绪引起的动机。由这种动机引起的消费行为具有冲动性和不稳定性，如心情不好时一气之下一次购买很多零食，待心情缓和下来之后就后悔。情感动机是由消费者的道德感、理智感、审美感等高级情感引起的动机。由这种动机引起的消费行为相对稳定和深刻，如为了变美，消费者长期购买各种化妆品。

营销案例

临海小伙“为国家出点力”，数万网友“涌泉”相报

2021 年 11 月中旬，“涌泉蜜橘”因为两位“95 后”青年“红”了。“你为国家做科研，我为科研捐蜜橘”，浙江临海卖涌泉蜜橘的网店店主小陈和浙江大学博士研究生小肖的对话，牵出店主捐橘助科研、学生“涌泉”相报的故事。

2021 年 11 月 11 日，小肖为了做果实病理研究，找到了小陈开的蜜橘网店，问了小陈很多关于橘子的细节问题。当小陈听说顾客买橘子是用来做研究、为国家科研服务后，直接表示要免费捐赠。小肖谢绝了小陈的好意，在综合考虑后，决定第一批实验先选用常山胡柚，根据实验结果再来考虑选用涌泉蜜橘。但她又为耽误了店主大量时间感觉过意不去，就自费买了小陈一箱蜜橘表示支持。

同时，小陈的话令小肖十分感动，她以“滴水之恩、涌泉相报”之心，将这次购买经历和与小陈的聊天记录，分享到了浙江大学的校内论坛上。没想到，浙大的师生们都被小陈的爱国情怀打动了，短短两天，小肖发出的帖子点击量就达到了 3.9 万次，回帖有 400 多条。帖子也被转发到其他平台，很快，小陈那句令小肖非常动容的“帮不了国家什么大忙，遇到了就想着出点力”也引发了无数网友的共鸣，小陈的蜜橘网店也因此引起了大众关注。

为了表达对小陈的支持，很多网友纷纷涌进小陈的网店，下单购买橘子。几天内，橘子订单飞涨，小陈在高兴之余，也一直在直播间反复提醒网友“理性消费”“想吃才买”，但网友为朴素爱国情怀点赞、“任性”下单的热情不仅不减，还更加高涨了。

一箱橘子事小，爱国情义事大。这一则消费者与卖家双向奔赴的故事，让充盈着爱国情的正能量，如涟漪般不断扩散。

（资料来源：澎湃新闻，有改动）

（2）**理智动机**：指消费者对商品进行充分的分析和比较后产生的购买动机，具有客观性、周密性和可控性。在这种动机的驱使下，消费者比较注重商品的实用性、安全性和方便性等特征。

（3）**惠顾动机**：指消费者基于以往购买经验，对特定的商店、品牌或商品产生特殊的信任与偏爱，而重复性、习惯性地购买特定商品的动机。由这种动机引起的消费行为具

有经验性、稳定性和重复性。例如，某消费者一直去自己家附近的包子铺买包子。

2. 按照消费者追求目标的不同分类

扫一扫

消费者的购买动机

按照消费者追求目标的不同，消费者的购买动机多种多样，下文介绍几种主要的购买动机。

1）求实动机

求实动机是以追求商品或服务的使用价值为主要目标的购买动机，是消费活动中最具普遍性和代表性的购买动机。具有此动机的消费者通常特别注重商品的实际效用、功能和质量，不大注重商品的外观、名气等。例如，某消费者买了一双过时但很舒适的鞋子，便是出于求实动机。

2）求新动机

求新动机是以追求商品的新颖、时尚为主要目标的购买动机。具有这种动机的消费者注重商品的颜色、样式和包装等，他们喜欢别出心裁的商品，而不太关注商品的实用价值，往往是新产品的最早购买者。例如，某消费者在并不缺保暖衣物的情况下买了一件款式新颖的羽绒服，便是出于求新动机。

3）求美动机

求美动机是以追求商品的欣赏价值和艺术价值为主要目标的购买动机。具有此动机的消费者特别注重商品的外观及其美化功能，希望所购商品能美化自我形象、生活或工作环境等。例如，某消费者买了一幅画挂在家里，便是出于求美动机。

课堂互动

鲜花，这个原本属于节假日的馈赠礼品，现在已经开始成为很多人的生活必需品。许多人购买鲜花的目的是装点起居、办公环境，享受鲜花为日常生活带来的好心情。

相关数据显示，2016 年中国鲜花电商市场规模为 168.8 亿元，2019 年为 535.1 亿元，同比增长 30%，预计 2023 年可达 2 000 亿元，再创历史新高。

思考：你购买过鲜花装点宿舍吗？你还因为求美动机购买过什么？

4）求名动机

求名动机是以追求用名牌、高档商品来显示或提高自己的身份和地位为主要特征的购买动机。具有此动机的消费者特别注重商品的品牌、档次和象征意义，对其认为不知名的商品不屑一顾，是一些名牌商品的忠实消费者。例如，某消费者买包、手表时，只买一些大牌的商品，便是出于求名动机。

5）求廉动机

求廉动机是以追求价格低廉，希望以较少支出获得较多利益为主要特征的购买动机。具有此动机的消费者特别重视商品价格，对价格的变化格外敏感，喜欢选购降价商品。例如，某消费者喜欢在夏季买羽绒服，便是出于求廉动机。

6）求便动机

求便动机是以追求商品购买和使用过程中的省时、便利为主要特征的购买动机。具有此动机的消费者希望所购商品使用、维修方便，能为自己减轻一些负担，而且他们不喜欢反复挑选、比较商品。例如，很多消费者喜欢网上购物，便是出于求便动机。

7）储备动机

储备动机是以基于为将来做准备或追求产品增值而大量购买同一商品为主要特征的购买动机。很多消费者喜欢囤集生活必需品，便是出于储备动机。此外，有些消费者购买金银首饰、名贵字画、古董或有价证券等，作为保值或投资手段，也是出于储备动机。

在现实生活中，人们的消费行为通常不是由一种购买动机引发的，而是在多种购买动机的共同作用下进行的。在为消费者服务时，营销人员可先试着了解消费者的购买动机都有哪些，再据此推荐合适的商品、重点介绍商品的一些特点等。

（三）购买动机的特征

1. 内隐性

内隐性是指消费者的购买动机有时难以从外部直接观察到，即处于内隐状态。在很多情况下，消费者出于某种原因，不愿让他人知道自己的真实动机。例如，某消费者买了一副墨镜，大家都以为他是为了遮阳，其实，他是为了遮盖眼部缺陷。

2. 复杂性

复杂性是指购买动机在引发消费行为时，存在多种情况：有的动机直接促成一种消费行为，如消费者感到很饿时，觅食动机会直接促使其购买食物；有的动机可能促成多种消费行为，如消费者想变美时，可能会买新衣服、换新发型，或者去进行美容消费等；有些动机相互合作，共同促进一种消费行为，如消费者买车，可能源于方便出行、赠送父母或攀比炫耀等多种动机。

3. 可诱导性

购买动机的可诱导性具有两方面的含义。一是指购买动机可经诱导产生，即消费者的一些需要受到外界刺激时，会变得更强，进而引发购买动机。例如，小吴去买卫衣时，营销人员说买两件可打八五折，小吴便又买了一条裤子。二是指购买动机可经诱导相互转换，即随着外界刺激的变化，原本非主导性的购买动机可能转变为主导性购买动机，而主导性的购买动机转变为非主导性购买动机。例如，小李本打算买一双便宜的鞋子，但最终买了一双特别好看但超出自己预算的鞋子，这便是求廉动机和求美动机发生转移的结果。

现实中，很多消费者改变原本计划，最终买了本没打算买的商品，就是购买动机被诱导的结果。企业可利用这一点，采取正确的营销策略，诱导消费者进行消费。

模块二　熟悉消费者的购买行为

案例导入

郎朗买鞋

学校下个月要举办运动会，郎朗报名参加了短跑比赛。但郎朗的运动鞋有些旧了，他想买一双新的。于是，郎朗先在某购物平台上浏览了几个运动品牌的最新款，看中了 A 品牌的一双鞋和 B 品牌的一双鞋。后来，他又仔细查看了这两款鞋的详细介绍和已购买者的评价，但还是拿不定主意，不知道要买哪一双。

A 品牌的运动鞋，郎朗之前买过，觉得质量有保证，但这次他还想试试其他品牌，可又担心 B 品牌的鞋质量不好。于是，郎朗便问了买过 B 品牌运动鞋的同学的意见，同学说这个品牌的运动鞋很好，推荐郎朗购买。听了同学的意见后，郎朗决定这次购买 B 品牌的鞋，他本想在网上买，可又不想等，就决定第二天去实体店买。

第二天下午放学后，郎朗便去学校附近的商场买鞋。到 B 品牌实体店后，郎朗在营销人员的带领下，找到了想购买的鞋子。他先是拿起鞋子仔细观察，感觉鞋子的款式和质量确实都还挺好，便让营销人员帮忙拿来合适码数的鞋试穿。试穿后，郎朗感觉鞋子很合适，也很轻便，便买下了。

之后，郎朗每天锻炼时，都穿这双鞋，运动过后，脚一点儿也不累。郎朗觉得 B 品牌确实值得信赖，打算有空再去买一双其他款式的。

思考：请分析郎朗买鞋的过程，他属于什么类型的消费者？

购买行为是指消费者为了满足某种需要，在一定购买动机的驱使下，购买某种商品或服务的过程。消费者的购买行为受其个性、所需商品或服务，以及企业等多种因素的影响，是复杂多样的。

一、购买行为的一般过程

消费者的购买行为由一系列相关联的活动构成，一般来说，可分为以下五个阶段。

（一）认知需要

购买行为起源于消费者的需要。当消费者的某种需要未得到满足时，消费者首先会弄清自己的需要所在，进而寻找满足这种需要的方法、途径等。例如，某消费者感到身体有些不适时，首先会弄清楚自己是饿了、渴了还是生病了，即找到不适的原因，确认需要所在。

在消费活动中，没有明确购买目标的消费者可能是不确定自己的需要是什么。对于这部分消费者，营销人员可先试着引导他们确认自己的需要，再向他们推荐合适的商品。

（二）搜集信息

认识到自己的需要后，消费者要考虑买什么、花多少钱和去哪里买，等等。这时，消费者需要搜集很多信息，以做出正确的购买决策。消费者搜集的信息包括可以满足需要的商品有哪些，每种商品都有哪些品牌，每种品牌的产品质量、价格和已经购买者的评价等。

消费者可能通过多种方式，从不同渠道搜集信息，因此，信息的来源是不同的。消费者的信息来源主要有以下三种。

1. 个人来源

个人来源是指信息来自亲友、邻居和同事等。这种来源的信息通常可信度较高。购买大件商品或所购商品对消费者来说比较重要时，消费者会通过这种方式搜集信息。例如，佳佳最近脸上有些过敏，想买一些敏感性肌肤用的护肤品，便向有过相同经历的朋友打听她们用的产品。

2. 商业来源

商业来源是指信息来自广告、营销人员和商品包装等。这种来源的信息通常只包含商品的优点，还可能不真实，因此消费者有时对这种信息会持怀疑态度。例如，小刘想买一瓶洗发水，看到某品牌洗发水的广告说用一次就能改善发质，小刘觉得广告夸大了效果，商家不够诚信，便放弃了购买。因此，企业为产品做广告，营销人员向顾客介绍商品时，都要保证传递的信息真实、客观，以免引起消费者的怀疑。

3. 经验来源

经验来源是指信息来自消费者自身购买和使用商品的经验。这种来源的信息对消费者购买决策的影响最大。若消费者购买和使用过某商品，认为商品适合自己，当其有需要时便会再次购买，反之，会直接放弃购买这种商品。例如，小敏之前买了一个手机壳，做工精细，价格便宜，这次买手机壳时，就直接选择了同一家网店。

（三）分析比较

消费者搜集到的信息，有些内容可能是重复的或矛盾的，因此还需要消费者对所获信息进行分析、评估和选择。这个阶段，消费者首先会全面了解可供选择的商品的性能、质量、款式、价格和品牌等，获得总体上的认识；其次，会综合比较同类商品的优缺点，力求缩小可供选择的范围；最后，关于购买方式、购买地点和购买时间等，也会有大概的想法。例如，莹莹想买一个键盘，对搜集到的信息进行筛选后，初步选定了 A 品牌的一款产

品和 B 品牌的一款产品，但还没想好是在网上买还是去实体店买。

（四）决定购买

购买决策的参与者

实施购买行动之前，消费者需要做出购买决策，明确购买哪种商品、什么时候买、怎么买和去哪儿买等。因此，消费者还需要对各种方案进行充分比较，选出最优方案。最优方案的选择受消费者主要购买动机的影响。例如，莹莹在购买键盘的过程中，求实动机为主导性购买动机，因此选择了质量更好、价格更高的 A 品牌产品。

做出购买决策后，有些消费者会按照决策内容，实施购买行动，获得所需商品。有些消费者在采取购买行动的过程中，受到外界刺激影响，可能会改变决策内容。例如，晓峰本打算买 A 品牌一款价格为 60 元的羽毛球拍，到商店后，营销人员说 A 品牌另一款原价为 100 元、现价为 80 元的羽毛球拍，性价比更高，晓峰便改变决策，买了营销人员推荐的球拍。因此，营销人员应尽力做好服务工作，尝试加大对消费者购买决策的影响，提升产品销量。

心理小课堂

购买决策的重要性

在购买活动中，购买决策占有极为重要的地位。第一，购买决策决定着购买行为发生或不发生。第二，购买决策决定着购买行为的方式、时间及地点。第三，购买决策决定着购买行为的效用大小，即正确的购买决策会让消费者以较少的货币支出、时间和精力买到满意的商品，满足自身需要；反之，消费者可能花费更多的时间、金钱和精力也不一定能满足自身需要。

（五）购后评价

消费者使用所购商品后，会根据自己的感受对商品进行评价，并判断自己的决策正确与否。消费者对商品感到满意时，可能会重复购买并向他人推荐；不满意时，则不会再次购买，还可能会阻止他人购买。由此可见，购后评价不仅影响着消费者之后的消费行为，还可能影响着商品的口碑。

对此，企业首先应保证产品质量，使消费者满意并能给予好的评价，最终使其成为忠诚顾客，帮助产品口碑的传播；其次，应注重客户反馈，并据此不断做出改善。

营销案例

阿那亚：靠客户反馈驱动企业成长

阿那亚是一家全资源滨海旅游度假综合体社区，也是一家靠客户反馈驱动企业成长的公司。它的特色是不打广告，但拥有90%的复购率，90%的转介绍率。

从面临困境的房地产公司，一步步转型为生活方式品牌，以至成为很多人理想的家园，阿那亚进化的过程，也是客户提出意见、不断帮助阿那亚成长的过程。社区里服务的提升、产品的进化、细节的完善，每一次点滴的进步，都来自阿那亚客户的反馈。

最初的反馈来自社群。2014年，为了解决一期业主收房遇到的问题，阿那亚成立了第一个业主群。最初，社群的定位是"投诉群"，业主可以把遇到的问题随时发在群里。漏雨、漏水、管道堵塞……社群里的投诉，暴露出产品设计和细节打造的诸多缺陷。对此，阿那亚创始人要求：对业主在群里提出的任何问题，十分钟内必须有人回复，24小时内必须有解决方案。

随着品牌影响力的扩大，越来越多访客入住阿那亚，感受海边小镇的生活方式。为了听到更多访客的声音，阿那亚开始逐步完善客户反馈机制，建立了不同的渠道，主动去寻找、收集意见。2018年，阿那亚开通了400个投诉电话，24小时聆听客户需要，协调各部门解决问题；位于社区中心的访客中心也投入使用，在提供服务的同时，收集意见和建议。2020年，阿那亚成立客户关系中心，跟踪客户提出的问题与后续解决的进度，对客户体验反馈体系也做出整体升级，每日整理访客的点评与建议，反馈给一线员工。

为了直接与客户对话，发现更多社区里待改进的地方，2020年4月，阿那亚创始人公布个人邮箱，直面问题与意见，并亲自回复邮件，组织相应部门制订解决方案，保证事事有回响。

经过几年的探索，阿那亚的客户反馈体系逐步完善——由客户关系中心负责每日收集来自各个渠道的意见，和各个部门联动，跟进问题解决的进度，落实客户需要。

（资料来源：搜狐网，有改动）

在实际的消费活动中，由于商品的价格、用途和消费者的性格等多种因素的不同，购买不同商品时，消费者的购买行为也有所不同，因此，并非所有的购买行为都包含以上五个阶段。例如，消费者购买日常生活用品时，通常会根据习惯进行购买，此时购买行为的过程只包含第一阶段和第四阶段；购买价格昂贵的商品时，消费者可能会经历每一个阶段，努力确保做出正确的购买决策，买到满意的商品。

二、购买行为的类型

消费者的购买行为依据不同的划分标准，可分为不同的类型。

（一）按照消费者对购买目标的确定程度划分

按照消费者对购买目标确定程度的不同，购买行为可以分为确定型、半确定型和不确定型。

1. 确定型

持有此类购买行为的消费者在购买商品之前，就已有明确的购买目标，并对所要购买商品的名称、品牌、样式、用途和价格等都有较为清楚的认识。他们在进入购物场所后，一般会主动寻找所需购买的商品，并在找到后毫不犹豫地买下。例如，小刘去超市前，就想好要买 A 品牌的大米、B 品牌的鸡蛋和 C 品牌的原味酸奶，他进入超市后拿齐商品便去结账，这便是确定型购买行为的表现。

接待这类消费者时，营销人员应注意观察，在他们需要帮助时积极提供帮助，使其顺利完成购买行为。

2. 半确定型

持有此类购买行为的消费者在购买商品以前，已有大致的购买目标，但对所需购买的商品了解不够多。他们在进入购物场所后，可能还要对可供选择的商品进行观察、分析和比较，找到满意的商品后，才会决定购买。例如，某消费者打算去商场买一双鞋，但是是买运动鞋、板鞋还是皮鞋，还不确定，他这次的购买行为便是半确定型的。

接待这类消费者时，营销人员应对消费者感兴趣的商品进行详细介绍。如果消费者有疑问，营销人员应耐心解答，以帮助消费者充分认识商品、确定购买目标。

3. 不确定型

持有此类购买行为的消费者，没有明确的购买目标。他们进入购物场所后，一般是漫无目的地浏览、观看商品，或是随意了解一些商品的情况。如果浏览中，他们遇到了喜欢的商品，有了确定的购买目标，可能会购买；但也可能浏览一番，什么也不买就离开。

这类消费者是否会购买商品，与购物场所的环境、营销人员的服务态度及其自身的状态等密切相关。对此，企业应不断改善购物环境、提高营销人员的服务水平，尝试激发此类消费者的购买欲望。

课堂互动

相信很多人都有过这样的经历：进入一家商店前，本只是想随便看看，没打算买什么东西，最后却满载而归。请你分享一则类似这样的购物经历，并说一说是什么引发了你的购买行为。

（二）按照消费者的购买态度划分

按照消费者购买态度的不同，购买行为主要分为习惯型、理智型、经济型、冲动型、疑虑型和随意型。

1. 习惯型

持有此类购买行为的消费者因对某一种或几种品牌的商品，购买和使用经验比较多，而对其十分熟悉、信赖或偏爱。当此类消费者产生相关需要时，他们便会习惯性地重复购买这些商品。这类消费者在购买商品时决策果断、成交速度快，较少受广告宣传、时尚流行等外在因素的影响。例如，老宋从青年、中年到老年一直使用某品牌的牙膏，便是习惯性购买行为的表现。

2. 理智型

持有此类购买行为的消费者以理智为主、感情为辅。在消费活动中，他们会充分认知自己的需要，从各种渠道搜集信息，并根据自己的经验和学识对搜集到的信息进行分析比较，然后在经过周密的分析和认真的衡量之后才做出购买决策。购买商品前，他们可能还会对所要购买的商品进行仔细检查和挑选，力求买到完美无缺的商品。

这类消费者在购买过程中，主观性较强，不愿他人介入，受广告宣传、营销人员介绍等外在因素的影响较小。对这类消费者，营销人员应留出适当空间让他们自己挑选商品，待他们需要帮助时，再热情地提供帮助。

3. 经济型

持有此类购买行为的消费者对商品的价格非常敏感，在购买商品时，往往以价格作为选购标准。他们中一部分人喜欢购买同类商品中价格较低者，认为其经济实惠，对降价商品特别感兴趣；另一部分人则喜欢购买同类商品中价格较高者，认为价格更高质量一定会更好。

为这类消费者提供服务时，营销人员应强调商品的物美价廉、物有所值，帮助他们选择符合预算的商品。

4. 冲动型

持有此类购买行为的消费者情感变化快，易受商品外观、广告宣传和促销活动等外界因素影响，不能很好地控制自己的消费行为。在消费活动中，他们往往没有确定的购买目标，看到喜欢的商品就想买，不会对想买的商品做太多了解。因此，他们时常在购买商品后后悔。

心理小课堂

晚上更易冲动消费

为何抢购付款总在半夜？其实，这是商家瞄准了人的心理波动特点。

据心理医生介绍，晚上是大部分人都想放松的时间段，大家都想要取悦自己，那么人在晚上就更容易产生消费的冲动。此外，人的大脑在精神状态比较好的时候，自控力会比较好。而在晚上，人的大脑控制力下降，意志力偏薄弱，一般在晚上十一点以后，尤其是第二天的凌晨一两点，更是人的意志力降低到最薄弱的时刻，不容易去抵抗消费冲动。

如果一年内有一两次冲动消费，是正常的现象，不需要有太大的心理负担。但如果冲动消费频次过高，且消费金额大大超过收入水平，那就要引起警惕了，有可能是心理出了问题，需要及时去看心理医生。

（资料来源：温州新闻网，有改动）

5. 疑虑型

持有此类购买行为的消费者细致、谨慎，会对可供选择的商品进行认真观察，并对同类商品反复对比和挑选。他们做决策较难，不能确定自己的选择是否正确，因此常表现得犹豫不决。

对这类消费者，营销人员应耐心接待，给出合理的建议及其理由，增强消费者的购买信心，帮助他们做决策。

6. 随意型

持有此类购买行为的消费者对商品的品牌、价格和外观等，没有太多要求，能满足其需要即可。很多男性消费者常持有这种购买行为。例如，李先生去商场买短袖衬衣，他随意选了一家商店，根据营销人员的推荐试穿了一下，觉得效果还不错，就购买了。

需要注意的是，不同消费者的购买行为不一样，而同一消费者在购买不同商品时，购买行为也不一样，即同一消费者可能有多种类型的购买行为。例如，上文的李先生在购买衣物时，购买行为为随意型；当他在购买电脑时，就比较谨慎，购买行为则表现为理智型。

课堂考核

（一）单项选择题

1. 消费者对文化娱乐、体育健身、旅游和社交活动等的需要属于（　　）。

   A. 生理需要　　B. 物质需要　　C. 享受需要　　D. 发展需要

2. （　　）不是消费者需要的特征。

   A. 多样性　　B. 固定性　　C. 周期性　　D. 发展性

3. 具有（　　）购买动机的消费者特别注重商品的外观及其美化功能。

   A. 求新　　B. 求美　　C. 求廉　　D. 求便

4.（　　）是消费者购买行为的第一个阶段。

A. 认知需要　　B. 搜集信息　　C. 分析比较　　D. 决定购买

5. 为持有（　　）购买行为的消费者提供服务时，营销人员应强调商品的物美价廉、物有所值。

A. 习惯型　　B. 理智型　　C. 经济型　　D. 疑虑型

（二）判断题

1. 按照产生原因的不同划分，可将消费者的需要分为物质需要和精神需要。（　　）
2. 购买动机是指引起人们购买行为，推动人们进行购买活动的内在动力。（　　）
3. 一种购买动机可能促成多种消费行为。（　　）
4. 营销人员可对购买目标确定的消费者置之不理。（　　）
5. 购买行为比较理智的消费者通常会仔细检查和挑选商品。（　　）

（三）简答题

1. 什么是消费者的需要？
2. 购买动机有哪些特征？
3. 消费者的购买行为可分为哪几类？

（四）案例分析题

小雪感觉自己晒黑了，于是打算买一瓶防晒霜。因为之前没买过，不知道要买哪个品牌，小雪就去网上做了很多“攻略”，并问了几个和自己肤质相同的同学的意见，最后决定买某品牌一款口碑不错且价格适中的防晒霜。

周末和同学逛街时，小雪便按计划买了想要的防晒霜。陪同学挑衣服时，小雪看上了一件新款上衣，试穿后感觉很合适，便买了下来。逛超市时，小雪看到经常喝的牛奶在打折，虽然宿舍里的牛奶还有大半箱，但还是买了一箱。

思考：小雪买防晒霜、上衣和牛奶时，分别是基于什么购买动机？小雪买防晒霜的行为包含哪几个阶段？小雪买防晒霜、上衣和牛奶的行为分别属于什么类型的购买行为？

课后实训

实训目标

充分了解消费者的购买过程，为成为一名合格的营销人员做准备。

任务概述

对 30～50 名消费者进行问卷调查，了解他们的购买过程。调查完成后，各小组派出

代表，以 PPT 的形式向全班同学分享本次调查的主要内容及本组的心得。

任务分配

全班学生自由组合，每组 4～6 人，各组选出组长并进行任务分工，将小组成员及分工情况填入表 4-1 中。

表 4-1　小组成员及分工情况

班级		组号		指导教师	
小组成员	姓名	学号	任务分工及时间安排		
组长					
组员					

任务准备

（1）熟悉购买行为的相关知识。

（2）掌握问卷调查的方法。

（3）掌握 PPT 的制作方法。

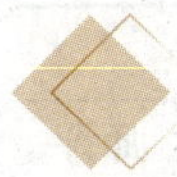

任务实施

按照小组分工情况开展人物调查活动，并将具体的实施情况记录在表 4-2 中。

表 4-2　实施情况记录表

时间安排	实施步骤
	1．小组讨论，设计调查问卷 （另附纸）
	2．发放问卷 （1）选择一家商场 （2）每人寻找 8～10 名消费者填写问卷（可提供小礼品表示感谢）
	3．整理问卷结果 （简述要点）

（续表）

时间安排	实施步骤
	4．分析消费者的购买过程 （简述要点）
	5．小组讨论，总结心得
	6．制作 PPT
	7．在全班同学面前进行讲解分享

课后评价

各组配合指导老师完成如表 4-3 所示的考核评价表。

表 4-3　考核评价表

考核内容	评价标准	分值	评价分数		
			自评	互评	师评
知识与技能考核（40%）	能够阐明消费者需要的概念、类型和特征	10			
	能够举例说明消费者购买动机的类型	10			
	能够正确分析消费者的购买过程	10			
	能够简要阐述不同类型购买行为的特征	10			
过程与方法考核（20%）	课前积极预习本讲的内容	5			
	课中认真听讲，并积极参与课堂互动	10			
	课后主动复习所学知识	5			
实训考核（20%）	能够结合所学知识设计调查问卷	5			
	能够有效分析、总结消费者的购买过程	10			
	讲解口齿清晰、仪态大方	5			

（续表）

考核内容	评价标准	分值	评价分数		
			自评	互评	师评
综合素养考核（20%）	具备团队精神，能够积极地与他人合作	10			
	具备具体问题具体分析的能力，能够正确看待不同的购买行为	10			
合计		100			
总评	自评（20%）+互评（20%）+师评（60%）=	教师（签名）：			

提高篇

第五讲

琳琅满目皆欢喜

——为消费者提供称心如意的商品

课前导读

在物质生活极大丰富的今天，各种各样的商品琳琅满目、层出不穷。然而，却有越来越多的消费者患上了“选择困难症”。如何使自己的商品脱颖而出，吸引消费者的注意力，成为每个企业都需要探讨的课题。

本项目深入解读了商品因素与消费心理的关系，探讨了商品的名称、包装和价格等策略如何促进消费者的购买行为，能够为企业设计出符合消费者心理要求的商品提供指导。

知识目标

（1）熟悉商品命名的心理要求及商品命名的心理策略。

（2）熟悉商品包装设计的心理要求及商品包装设计的心理策略。

（3）掌握商品价格的心理功能及商品定价、调价的心理策略。

能力目标

（1）能运用所学的心理策略进行商品命名、商品包装设计和商品定价及调价。

（2）能运用所学知识，解决实际营销问题。

素质目标

（1）提升自己的审美能力。

（2）培养团队合作意识。

模块一　了解商品名称与消费心理的关系

案例导入

Coca-Cola（可口可乐）名字的由来

1886 年，美国乔治亚州亚特兰大市的一名药剂师约翰·彭伯顿，调制出了一种味道神奇的咖啡色饮品。他的合伙人弗兰克·鲁宾逊根据这种饮品的主要成分——Coca（古柯，热带灌木）和 Cola（可乐果），为其取名 Coca-Cola。之后，这种饮料很快在美国乃至全世界流行起来。

Coca-Cola 于 1927 年进入中国，前三年其销量非常惨淡，主要原因之一是它当时的中文名为“蝌蚪啃蜡”，这个名字非常奇怪拗口。到了 1930 年，负责拓展全球业务的可口可乐出口公司在英国《泰晤士报》上以 350 英镑的奖金征集中文译名。旅英学者蒋彝以译名“可口可乐”应征，被评委一眼看中。自此，可口可乐在中国的市场才被打开。

“可口可乐”这个译名简单明了，琅琅上口，易于传诵，还体现了品牌的核心理念“美味与快乐”。

在 2008 年中国首次举办奥运会期间，作为“向世界展示中国”项目的一部分，奥运会全球合作伙伴可口可乐公司将“可口可乐”四个汉字印到了全球 100 多个国家的可口可乐产品上。这个项目的名称就叫“美味与快乐”。

（资料来源：可口可乐官网，有改动）

思考：“Coca-Cola”的英文名是根据什么命名的？为什么其中文名“可口可乐”大受欢迎？你认为在为商品命名时应注意什么？

商品名称顾名思义是企业为商品取的名字，以区别于其他商品，要求能够概括地反映商品的某些特征，如用途、形状或特点等。消费者在接触商品之前，往往会以自己对商品名称的理解来判断商品的性质或用途。好的商品名称琅琅上口，易于识别和启发联想，从而广为人知，引得消费者竞相购买。正如“可口可乐”之于“蝌蚪啃蜡”。可见，了解消费者对商品名称的心理要求，为商品取一个恰到好处的名字，对销售是大有裨益的。

一、商品名称的心理要求

（一）名实相符

名实相符，是指商品的名称要与商品的性质和特点相符合，使消费者无须看到商品，就能够通过商品的名称直观地了解商品的主要特性。例如，“烧水壶”这个名称让消费者知道该商品是用来烧热水的；“洗面奶”这个名称让消费者知道此类商品是洗脸时使用的；“垃圾桶”这个名称让消费者知道其是用来盛放垃圾的。

（二）便于记忆

易读、易懂、易记的商品名称能降低记忆难度，缩短消费者的记忆过程，从而加深消费者对商品的印象。因而，商品名称应简洁、通俗、易懂、易读，以便于传播。并且，字数一般不超过五个字，避免使用生僻、晦涩或拗口的字眼，力求通过字形、字音和字意的有效结合，达到使消费者对商品过目不忘的目的。例如，“立白”“好吃点”“洽洽”等商品名称琅琅上口，文字简洁，高度概括了商品特性，便于消费者记忆。

（三）引人注意

商品名称具有某种特色，或有好的寓意时，能吸引消费者的注意，使其对商品产生兴趣。例如，“王麻子剪刀”“狗不理包子”“泥人张”“驴打滚”等有特色的商品名称，能激发消费者进一步了解商品的意愿；“长寿面”“百岁酒”“青春宝”等有美好寓意的商品名称，能促使消费者产生购买欲望。

（四）激发联想

商品名称若能激发消费者产生相关联想，引发其对美好事物产生想象和向往，就能加深其对商品性能的认识，进一步激发其购买欲望。例如，“雪碧”这个名称能使消费者联想到大雪纷飞、碧水清澈的情景，进而产生清爽、冰凉的感觉；“飘柔”这个名称能让消费者联想到飘逸而柔顺的头发；“脉动”这个名称可以使消费者联想到充满活力、生机勃勃的运动激情。

扫一扫

最具创意的商品名称

心理小课堂

因社会文化的差异，不同国家或地区的消费者有着不同的消费心理。因而，销往不同国家或地区的商品，其名称的字形、读音和含义都应当考虑当地的语言或文化习俗禁忌，否则可能引起当地消费者的消极情感或抵制情绪。例如，20世纪60年代中期，

美国通用汽车公司向墨西哥推出新设计的汽车，名为“雪佛莱诺瓦”，结果销量极差。后来经调查发现，“诺瓦”在西班牙语（墨西哥的官方语言）中是“走不动”的意思，人们自然不会买“走不动”的汽车。

二、商品命名的心理策略

（一）以商品的主要效用命名

这样命名能直接反映商品的主要性能或用途，使消费者通过商品名称可以迅速了解商品的功效，如“感冒灵”“护手霜”“充电宝”“洗衣机”等。这种命名策略多用于日用品、药品的命名。

（二）以商品的主要成分命名

这样命名能直接反映商品的主要成分，使消费者可以通过商品名称直接了解商品的原料构成，如“八宝粥”“花生酥”“五粮液”“果粒橙”等。这种命名策略多用于药品、食品和化妆品的命名。

营销案例

五粮液的得名

五粮液是中国白酒的典型代表，多次荣获“国家名酒”称号。那它是因何得名的呢？

北宋时期，四川宜宾的姚君玉开设姚氏酒坊，经过反复尝试，用高粱、大米、糯米、荞子和蜀黍五种粮食加上当地的安乐泉水酿得美酒。因此酒为姚君玉酿得，故取名“姚子”，又因此酒清澈雪白得“雪曲”之誉。

明初，陈氏家族创立“温德丰”酒坊，融合姚子雪曲酿制精要，将原五粮配方中的蜀黍替换为当时刚从海外引进的玉米，最终形成了更趋完美的“陈氏配方”。

清末，邓子均继承“温德丰”酒坊后，将其改名为“利川永”。1909 年，邓子均携酒参加当地名流宴会，晚清举人杨惠泉品尝后说：“如此佳酿，名为杂粮酒，似嫌凡俗，姚子雪曲名字虽雅，但不足以反映韵味，既然此酒集五粮之精华而成玉液，何不更名为五粮液？”说完，全桌的人为之喝彩，邓子均欣然采纳，五粮液自此正式得名。

（资料来源：五粮液官网，有改动）

（三）以商品的产地命名

这样命名反映了商品的产地，既突出了商品的地方风味和特色，又能使消费者感到商品地道、货真价实、品质上乘，进而对商品产生信赖感，如“北京烤鸭”“青岛啤酒”“贵州茅台”“阳澄湖大闸蟹”等。这种命名策略多用于中草药、土特产的命名。

（四）以人名命名

以人名命名，是指以发明者、制造者或历史人物等的名字为商品命名的做法。这种命名策略将商品与特定人物联系起来，借此来树立品牌形象，从而使消费者产生对商品的积极情感，并激发购买动机。例如，“中山装”“杜康酒”“王守义十三香”“东坡肉”等。

中山装

1919年，孙中山先生请上海亨利服装店将一套陆军制服改成便装，这套便装在保留军服某些样式的基础上，吸取了中式服装和西装的优点，显得精练、简便、大方。由于孙中山先生的名望，加上他的大力提倡，这种便装式样很快流行起来。1925年，孙中山先生去世以后，广州革命政府为了纪念他，把这套服装正式定名为“中山装”，如图5-1所示。

图5-1　中山装

这套服装的版式和设计，体现了孙中山先生的革命理想和追求。例如，前面四个兜代表着礼、义、廉、耻，中间五个纽扣代表的是五权宪法，左右袖口上的三颗纽扣分别代表着民族、民权、民生及平等、自由和博爱。

（资料来源：腾讯网，有改动）

（五）以商品的外形命名

这样命名能形象地反映出商品的优美造型或独特形状，以吸引消费者的注意，加深消费者对商品的印象，便于消费者记忆，如“玉米糖”“佛手酥”“动物饼干”“鸭舌帽”“燕尾服”等。这种命名策略多用于食品和工艺品的命名。

（六）以商品的制作方法命名

这样命名反映了商品的制作方法，能使消费者了解商品独特的制作工艺或研制过程，从而增加消费者对商品的信任感，如“烤肠”“二锅头”“坛子鸡”“景泰蓝”等。这种命名策略多用于有独特制作工艺商品的命名。

（七）以商品的外文译音命名

这样命名直接将进口商品的外文名音译为中文，可以克服某些外来语的翻译、使用困难，如“咖啡”“奔驰”“凡士林”“夏士莲”等。

（八）以吉祥物或美好事物命名

使用具有吉祥寓意的事物或具有美好形象的事物为商品命名，能使消费者产生好的联想或消除不良心理感受。例如，“凤凰自行车”“龙凤奶糖”“牡丹香烟”“旺旺食品”等名称，能让消费者联想到好的事物；我国的一些中药名称“地龙”（指蚯蚓）、“天龙”（指壁虎）、“夜明砂”（指蝙蝠粪便）等，能消除消费者对产品成分的不良心理感受。

课堂互动

你喝过哪些品牌的瓶装水？它们的名称符合什么样的心理要求，运用了哪些心理策略？

模块二　熟悉商品包装与消费心理的关系

案例导入

可口可乐弧形瓶的前世今生

在上市之初的十几年间，可口可乐一直通过店内汽水机现调而成，按杯售卖。1899 年，为了让更多人能随时随地享受这独一无二的饮料，可口可乐公司决定将其装瓶出售，当时所用的瓶子是带有金属塞的直身哈金森玻璃瓶，如图 5-2 所示。

随着可口可乐公司发展越来越好，竞争对手们纷纷效仿。结果，大量山寨产品充斥市场，令很多消费者混淆。面对这种状况，可口可乐公司决定设计一款独一无二的包装。

1915 年，可口可乐公司要求合作方设计一款绝无仅有的玻璃瓶，独特到“在黑暗中仅凭触觉即可辨认，甚至摔碎在地也能一眼识别”。最终，鲁特玻璃公司的设计获得了可口可乐公司高管们的一致青睐。自此，独一无二的可口可乐弧形瓶（见图 5-3）

便出现了。

1955年，可口可乐公司在美国推出更大容量的包装，从标准的弧形瓶包装（6.5盎司，1盎司约29.51毫升）扩展到特大瓶（10盎司、12盎司和16盎司）及家庭装（26盎司）的弧形瓶包装，以满足消费者的不同需求。

随着时代的发展，可口可乐公司又不断推出塑料瓶（见图5-4）和易拉罐（见图5-5）等更多形式的包装。

图5-2　直身哈金森玻璃瓶

图5-3　弧形瓶

图5-4　塑料瓶

图5-5　易拉罐

（资料来源：钱江晚报，有改动）

思考：可口可乐公司为什么要不断改变产品包装？你认为在进行商品包装设计时要考虑哪些因素？

商品包装，是指在商品流通过程中为了保护商品、方便储存和促进销售，而采用的盛装或包裹商品的包装物，如瓶、袋、箱等。在消费活动中，商品的包装往往起着“无声推销员”的作用，它可以向消费者传递商品信息，有时甚至可以左右消费者对商品的认知和感受，进而影响商品的销售。因此，了解消费者对商品包装设计的心理要求，为商品设计一个好的包装，对销售是很有帮助的。

商品包装

一、商品包装设计的心理要求

（一）方便性

商品包装设计应当满足消费者方便携带、使用或保存商品的要求。例如，很多商品包装带有提手（见图5-6），以方便消费者购买商品后携带；很多盒装的饮料都配有吸管（见图5-7），以方便消费者饮用；很多食品选用小包装（见图5-8），以便于商品保存。

图 5-6　酸奶包装

图 5-7　饮料包装

图 5-8　食品小包装

（二）安全性

安全性是消费者对商品包装最基本的要求。首先，消费者希望商品的包装对商品本身有一定的保护作用，如有利于商品的存放，能延长商品的存储、使用寿命等。例如，一些鸡蛋包装（见图 5-9）的卡槽设计巧妙，在一定程度上能防止鸡蛋在流通过程中损坏；很多食品包装打开后可重新密封（见图 5-10），能防止食品受潮、变质。

图 5-9　鸡蛋包装

图 5-10　食品包装

其次，消费者希望商品包装上展示必要的商品信息，这样就能通过包装清楚了解商品的使用、保存方法等，不会产生误用或保存不当的现象。例如，药品在包装上标明使用方法、注意事项和贮藏方法等，便是为了让消费者不致误服、误用造成危害生命安全的后果。

最后，消费者希望商品的包装牢固、安全，不会带来麻烦或危险。例如，商品包装带有提手时，提手要足够牢固，不会突然断掉，给消费者带来不便；商品使用袋装时，袋子的质量要好，封口处也要足够牢固，不会突然破损，造成商品的遗失。

（三）识别性

消费者希望单看商品的包装，就能对商品有一定的了解。为此，很多商品包装上的文字或图案设计十分醒目，让消费者能轻易识别商品的品牌、功能及特色等，如某品牌牙膏的包装（见图 5-11）；很多商品包装留有透明窗口，或完全透明，能让消费者在不开启包

装的情况下，就可以观察到商品的外观，增进对商品的了解，如一些儿童玩具的包装（见图5-12）、一些食品包装（见图5-13）等。

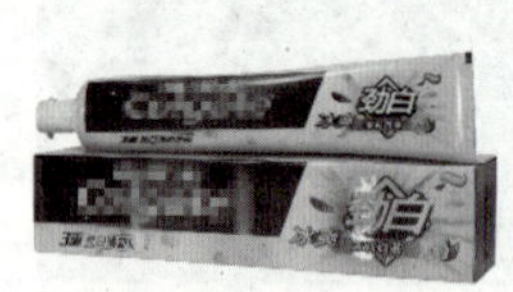

图5-11　牙膏包装

图5-12　玩具包装

图5-13　食品包装

（四）增值性

对于很多商品，包装要能展示其高贵形象，增加商品的总体价值，以满足消费者显示自己身份地位、社交等方面的需求。例如，很多礼品的包装设计精美、材质优良，让消费者一看就感觉商品整体质量较好、价格较贵。

（五）艺术性

商品的包装设计还应当满足消费者对美的追求，带给消费者美的享受。具有艺术魅力的商品包装形状、大小和色彩等各个方面都和谐统一、具有美感，能够美化商品，给消费者留下美好印象，并刺激消费者的购买欲望。例如，衬衫的包装盒被设计成西装样式（见图5-14），和商品非常搭配，艺术性极高；毛巾的包装则设计成铅笔形状（见图5-15），能给消费者留下深刻印象；名为“消消火”的饮料，饮料瓶形似灭火器（见图5-16），非常吸引人。

图5-14　衬衫包装

图5-15　毛巾包装

图5-16　“消消火”饮料包装

消费新举措

新版“过度包装”标准公布！

目前，市场上部分食品和化妆品企业为追求高额利润，设计和使用层数过多、空隙率过大、成本过高的包装。过度包装已经远远超出了包装本身的基本功能，将包装成本附加到消费者身上，既造成资源浪费和环境污染，又损害了消费者的合法权益。

为了从源头减少资源消耗和包装废弃物产生，2021年8月10日，国家市场监管总局发布了新修订的《限制商品过度包装要求 食品和化妆品》强制性国家标准。新标准涵盖31类食品、16类化妆品，包括茶叶、酒类、糕点和保健食品等。新标准严格限定了包装层数要求，食品中的粮食及其加工品不应超过三层包装，其他食品和化妆品不应超过四层包装；修改了包装空隙率限量要求及计算方法，增加了外包装体积检测、判定规则和不同商品的必要空间系数。

为避免对生产经营活动造成影响，以及产生新浪费，新标准设置了两年过渡期，将于2023年9月1日起实施。

（资料来源：新华网，有改动）

二、商品包装设计的心理策略

（一）廉价包装或无包装策略

廉价包装策略是指选用廉价包装材料、简化包装结构从而减少包装成本的做法；无包装策略则是对商品不做包装，直接将商品呈现给消费者的做法。这两种策略能满足消费者追求实用、节俭的心理。大部分食品、学习用品和服装等商品的包装常采用这两种策略。例如，超市里的很多蔬菜没有包装或只用一个塑料袋包装；文具店里的圆珠笔、作业本等没有包装。

绿水青山

月饼“轻装上阵”，给节约、环保和文化做加法

近两年，中秋节期间，在全国各地的多家大型超市里，月饼纷纷“轻装上阵”，除简约版礼盒包装外，不少月饼仅以纸或塑料真空袋包装，堪称“素面朝天”。

随着勤俭节约、拒绝浪费、提倡环保等理念深入人心，很多月饼商家从产品设计、制作到包装，都在走节约环保的路线。他们或推出30～50克的迷你月饼，分量仅为原来的一半甚至更小；或推动包装材料环保化，将原来的月饼内托升级为更环保的材质；或将回收的饮料瓶经过专业回收再生流程加工成月饼礼盒，一改过去奢侈浪费的现象。

月饼商家不仅在包装形式上做减法，还更注重在文化内涵上做加法。近年来，不少商家推陈出新，在制作中融入“国潮”元素，让月饼更具中国味。例如，故宫博物院曾推出“朕的心意·故宫食品”中秋月饼礼盒。“朕的心意·故宫食品”通过深入挖掘宫廷饮食文化，以文创食品为载体，将宫廷文化与日常生活相联结，用更加年轻的表达方式，传承与创新中华优秀饮食文化。该礼盒系列中，八角盒系列包装的造型设计（见图5-17），非常精致漂亮，并且在消费者吃完月饼后，还可以将其作为首饰盒。

图5-17　八角盒

月饼的“轻装上阵”不仅没有影响销量，还让其褪去浮华，让节日气氛更浓郁，文化价值更厚重，让现代人更好地体会了“月明人团圆”的情感，促进了月饼的销售。

（资料来源：红网，有改动）

（二）分量包装策略

分量包装策略是指为商品设计不同型号的包装，以满足消费者的不同需求。很多调料、饮料和洗护用品等都有不同型号的包装。例如，A品牌的醋有500毫升、800毫升和1 400毫升等不同容量的包装；B品牌的洗衣液有0.5千克、1千克和2千克等不同容量的包装。

（三）方便包装策略

方便包装策略是指将商品包装设计成透明式、提手式或按压式等形式的做法，以便消费者挑选、携带或使用商品。很多食品、玩具和化妆品等商品的包装常采用这种策略。例如，化妆品采用按压式包装（见图5-18），方便面用碗形包装，等等。

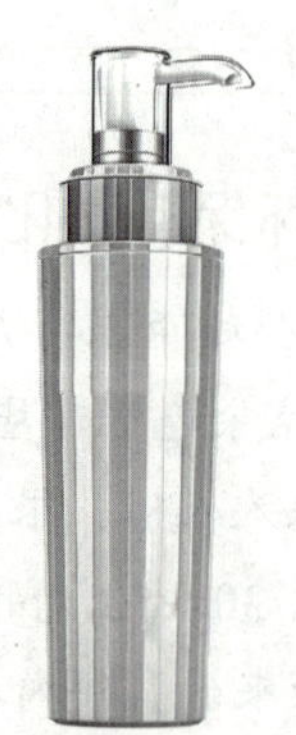

图5-18　化妆品按压式包装

（四）等级包装策略

等级包装策略是指为商品设计不同档次的包装，以匹配商品本身的不同价位或满足消费者的不同需求。很多茶叶、瓷器等商品在进行包装设计时常用这种策略。例如，某品牌每千克 200 元的茶叶采用普通包装，而每千克 500 元的茶叶采用高级包装，如图 5-19 所示。

（a）普通包装

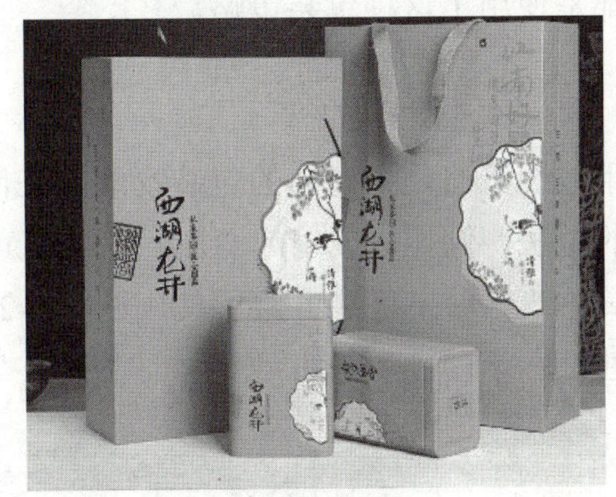

（b）高级包装

图 5-19　不同档次的茶叶包装

（五）类似包装策略

类似包装策略，也称“系列包装策略”，是指为品质相近、用途相似的同一系列商品设计相同或相似包装的做法，即包装的材料、形状、图案和色彩等相同或相似，使同一系列商品拥有统一的形象，以强化消费者对这一系列商品的印象。例如，A 品牌同一系列不同口味的方便面的包装（见图 5-20）、B 品牌同一系列不同口味的饮料的包装（见图 5-21）和 C 品牌同一系列不同效用的洗发露的包装（见图 5-22），采用的都是类似包装策略。

图 5-20　方便面包装

图 5-21　饮料包装

图 5-22　洗发露包装

采用类似包装策略可以节约商品包装设计的时间和成本，并且有利于企业向市场推广新商品，树立统一的市场形象。但是，若商品之间的性质、质量等差异太大，则不宜采取这种策略。

（六）配套包装策略

配套包装策略是指将相关联的若干商品集中包装在一起的做法，以便消费者购买、携带和使用，同时还能促进商品销售。例如，一些日化公司将牙膏和牙刷包装在一起，一些餐具公司把筷子、勺子等放在一个包装物内，一些体育器材公司把羽毛球和羽毛球拍包装在一起，都是使用了这种包装策略。

（七）再使用包装策略

再使用包装策略是指商品的包装物能够在商品用完后重复使用或再做他用，为商品提供附加值的做法。例如，玻璃啤酒瓶、牛奶瓶可反复使用；一些酒瓶可做花瓶，一些茶叶桶可做笔筒，一些糖果包装可做玩具（见图5-23）等，这些商品的包装都具有一定的观赏性和实用性。

图5-23　糖果包装

（八）附赠品包装策略

附赠品包装策略是指在商品包装内附加赠品（如卡片、玩具和礼券等）的做法，以刺激消费者产生购买欲望。例如，一些干脆面的包装袋内附有不同类型的卡片，能够促使儿童出于收集卡片的目的重复购买干脆面；很多化妆品包装盒内含有礼券，以吸引消费者再次购买。

（九）礼品包装策略

礼品包装策略是指对作为礼品的商品专门设计装饰华丽、寓意美好的包装，以满足消费者人际交往需要的做法，如粽子、月饼和糖果等商品往往包装精美、新颖别致（见图5-24）。

（a）粽子包装

（b）月饼包装

（c）糖果包装

图 5-24 礼品包装

课堂互动

想一想，你吃过的零食用的都是什么包装，说一说它们的包装设计符合什么样的心理要求，运用了什么心理策略。

（十）纪念品包装策略

纪念品包装策略是指为具有纪念意义的商品专门设计含某种特色的包装，以方便消费者将其留作纪念、长久保存的做法。例如，很多旅游纪念品在包装上会突出当地的特色，一些企业定制的产品包装上会印刷公司名、公司的吉祥物等标志。

营销案例

“农夫山泉”生肖瓶

从 2016 年开始，每年的春节前夕，农夫山泉都会推出一套只送不卖的限量生肖瓶。2022 年的壬寅虎年生肖瓶典藏版玻璃瓶水（见图 5-25），沿用了经典的一套双瓶设计，传达了好事成双、团团圆圆的意义。

图 5-25 虎年生肖瓶

虎年生肖瓶典藏版玻璃瓶水，其中一瓶为含气天然矿泉水，瓶身上印有两只老虎，它们相互依偎，其乐融融，蕴含了幸福团圆之意。而另一瓶则为非充气天然矿泉水，瓶身上威风霸气的老虎，直视远方、目光如炬，意为祝愿每位消费者在新的一年里，都能从容自信，勇往直前。

精致典雅的虎年玻璃瓶，巧妙地将生肖虎与长白山水源地进行联想，通过简单而纯粹的设计语言，既传达了农夫山泉对水源地的生态保护，彰显企业的社会责任感，又表明了农夫山泉的水质优良，激发消费者对企业的信赖感。

如此精美又内涵丰富的生肖瓶，每年推出后，都吸引大量消费者参与活动，不仅起到了很好的宣传作用，还促进了农夫山泉其他产品的销售。

（资料来源：环球网，有改动）

模块三 掌握商品价格与消费心理的关系

案例导入

可口可乐涨价史

可口可乐诞生后，一直是按杯售卖，每杯仅5美分。至1899年，可口可乐开始按瓶售卖，售价还是5美分。

直到1921年，因为糖的价格上升，可口可乐公司面临亏损，希望通过涨价来解决这一问题。但是，由于之前公司大面积投放广告，广告上写着：来一瓶可口可乐，只要5美分！消费者已经形成了可口可乐5美分的固定认知，涨价肯定会引起消费者的不满，导致需求量减少。

另外，涨价还存在一个障碍，20世纪上半叶，大部分可口可乐是通过自动售货机售卖的，当时的自动售货机只能收单枚硬币，不能找零。可口可乐公司本打算将价格调整为7.5美分，而美国没有单枚7.5美分的硬币，这就意味着如果可口可乐涨价，就没法通过自动售货机销售。基于这两个原因，可口可乐涨价的计划被迫搁浅。

到1946年，可以找零的自动售货机出现，可口可乐才改变了每瓶5美分的价格，然而直到1959年，5美分一瓶的可乐才彻底消失。这样，可口可乐有70余年时间未曾涨价。

（资料来源：澎湃新闻，作者冯诺、强纳森，有改动）

思考：可口可乐为什么不能直接涨价？

商品价格是指消费者在购买商品时所需要付出的货币量。它是商品价值的货币表现形式，是影响消费者心理和行为的最敏感因素之一。企业对商品的定价和调价极易引发消费者的心理反应，进而抑制或刺激消费者的购买行为。因此，企业应当深入研究消费者心理

与商品价格的关系，以制订出合理的定价与调价策略。

一、商品价格的心理功能

商品价格对消费者购买心理的影响，即为商品价格的心理功能。其主要表现在以下几个方面。

（一）衡量商品的价值和质量

商品价格在一定程度上体现了商品价值的大小和质量的好坏，具有衡量商品价值和质量的功能。消费者通常会认为同类商品中，价格较高者价值较高，质量较好，价格较低者价值较低，质量较差。正所谓“一分价钱一分货”“好货不便宜，便宜没好货”。特别是当消费者对商品了解不多时，更会把商品价格作为衡量商品价值和质量的重要尺度。例如，一位不怎么懂玉的消费者选购玉镯时，就会认为 2 999 元的玉镯质量不如 3 199 元的玉镯。

虽然消费者大多都有求实求惠的心理，但若商品价格比其市场价低很多时，反而可能会使消费者认为其质量不好，从而拒绝购买。所以，企业在为商品定价时，要先了解市场上已有同类商品的价格，再据此结合自己的生产成本，最终定出一个合理的价格。

（二）象征消费者的社会地位和经济状况

消费者通常将商品价格的高低与个人的社会地位和经济状况联系起来，并通过购买与自己的社会地位和经济状况相符的商品来满足自己的相关需求。例如，一些消费者购物时，只买一些名牌、高档商品，以显示自己的社会地位高、经济状况好；一些经济状况一般的消费者购物时，会选择同类商品中价格较低者，并认为这样的商品与自己的社会地位、经济状况相符合。

（三）调节消费需求

商品价格对消费需求有调节作用，即能刺激或抑制消费需求。一般来说，当其他因素不变时，商品价格下降会刺激消费需求，使消费需求量增加；商品价格上涨会抑制消费需求，使消费需求量减少。

商品价格对消费需求影响程度的大小，受商品需求价格弹性的影响。需求价格弹性即商品需求量对于价格变动的反应程度，对于需求价格弹性大的商品，多为非生活必需品，如奢侈品，其需求变动的幅度一般大于价格变动的幅度，即当奢侈品大幅涨价时，许多人就选择不再购买；对于需求价格弹性小的商品，如与消费者生活密切相关的日常生活用品，则需求变动的幅度一般小于价格变动的幅度，如哪怕粮食价格大幅提升，为了生存人们也必须购买。

在特殊情况下，商品价格的下降反而抑制消费需求，商品价格的上涨反而刺激消费需求，这是受到消费者对商品价格预期评价的影响。如果消费者认为商品价格会继续下跌，这时商品降价出售反而降低消费需求。反之，商品越提价，消费者的消费需求反而增加。例如，当商品房的价格下降时，消费者认为其价格还有可能再下降，于是持观望态度，等待其价格继续下降；而当商品房的价格上涨时，消费者唯恐其价格继续上涨，于是加入抢购队伍。

二、消费者的价格心理特征

消费者的价格心理是指消费者在购买商品的过程中，对商品价格产生的各种心理反应。它受消费者自身的个性心理与对价格的知觉判断制约，同时还受到购物场所、环境气氛等外部因素的影响。

（一）习惯性

习惯性是指消费者长期、多次购买一些商品，对这些商品的价格反复感知，会逐渐习惯这些商品的大致价格范围，并据此决定是否购买的习惯性反应。例如，某消费者长期以1.5～3元的价格购买袋装食盐，他就会习惯食盐的这种价格范围。

消费者对商品价格的习惯性影响着消费者的购买行为，是消费者衡量商品价格是否合理的一个标准。当商品价格在消费者认定的价格范围内时，消费者会认为其是合理的、正常的；当商品价格超出消费者认定的价格范围上限时，消费者会认为其不合理、太贵，会拒绝购买这种商品；当商品价格低于消费者认定的价格范围下限时，消费者会对商品的质量产生怀疑，从而拒绝购买。

因此，企业在为新产品定价或为已上市的产品调价时，要考虑消费者对商品价格的习惯性，不要让产品的原价或调整后的价格超出消费者认定的价格范围上限或低于下限，以免影响产品销量。

营销案例

“雪糕刺客”销量低

谈起夏季的应季食品，雪糕绝对榜上有名。然而，2022年夏天，“雪糕刺客”频频登上热搜。所谓“雪糕刺客”是指那些隐藏在冰柜里，看着其貌不扬，但当消费者拿去结账时，价格却大大超出预期，直接在消费者心口上“刺上一剑”的雪糕。

网友大霖在便利店的冰柜里随手拿了一个包装平平无奇、名字接地气的雪糕，结果花了22元，大大超出了心理预期；网友小美拿了一盒外观“小清新”的冰淇淋，结账时却被68元的价格吓得落荒而逃。2022年夏天，不少消费者都有和他们一样的遇“刺”经历。

根据调查，2022 年，有 37%的网友接受单个雪糕的价位在 3 元到 5 元之间；接受 5 元到 10 元之间价位的网友占比为 33.9%；而接受价位在 10 元以上的网友较少。可见，很多人买雪糕时还是会选择平价雪糕，十几元甚至上百元的“雪糕刺客”销量一般，也就不足为奇了。

（资料来源：安徽日报，作者彭园园，有改动）

（二）感受性

感受性是指消费者对商品价格及其变动的感知程度。判断商品价格高低时，消费者不仅会受自己认定的价格范围的影响，还会受商品的包装、同一售货现场其他商品的价格、购物场所的环境、营销人员的服务和对商品需求的紧迫程度等多种因素的影响。例如，一条裙子在路边小店卖 260 元，消费者会觉得其价格有些高，而同样的裙子摆在商场内的橱窗中时，消费者会感觉售价 260 元很便宜。

企业应利用消费者对价格的感受性这一特征，通过营造好的购物环境、合理摆放商品和提高营销人员的服务水平等方式，影响消费者对商品的价格判断，促进产品销售。

（三）敏感性

敏感性是指消费者对商品价格变动的心理反应程度和速度。一般情况下，消费者价格心理的敏感性会随着商品价格变动幅度的增大而增强，但有时也会违反这种变化规律，这与商品的种类有关。

整体而言，对于需要经常购买的与日常生活密切相关的商品（如水果、蔬菜、肉类等）的价格变动，消费者的敏感性较强；对于不需经常购买的商品（如彩电、家具、钢琴、音响等）的价格变动，消费者的敏感性较低。例如，白菜的价格上涨 1 元，消费者就会很快感受到，并认为价格涨了很多；电视机的价格上涨 20 元，消费者就不一定能感受到，即使感受到也不会觉得有什么。

（四）倾向性

倾向性是指消费者对商品价格进行高低比较后，在选择上所表现出的偏好方向。因在社会地位、经济状况、文化水平、个性特点和价值观念等方面存在差异，不同消费者往往会表现出不同的价格心理倾向。例如，经济状况好的消费者通常会选择同类商品中价格较高者，经济状况一般的消费者通常会选择同类商品中价格较低者。

此外，一些消费者的价格心理倾向呈现多元化趋势，具体与商品种类相关。例如，某消费者在买家具时，倾向于选择材料好、价格高的商品；买垃圾袋时，倾向于选择材质一般、价格适中的商品。

因此，企业应生产不同档次、不同价格的产品，以满足不同消费者的多元化需求。

三、商品定价的心理策略

企业为产品定价时，可应用一些心理策略，以更好地吸引消费者，促进产品销售。下文介绍几种常见的商品定价心理策略。

扫一扫

定价的方法与策略

（一）尾数定价策略

尾数定价策略是指商品的价格不设定为整数，而是带有零头尾数的定价技巧。它符合消费者的求廉心理，能让消费者产生商品价格便宜的心理错觉。例如，一双鞋定价为 98 元相比定价 100 元，能令消费者感觉价格便宜得多。此外，这种策略还能让消费者认为商品的价格制定得非常精确，进而对企业产生信任感，乐于购买其生产的商品。

心理小课堂

尾数定价策略的使用

受社会风俗、民族习惯和文化传统等的影响，各个国家或地区的企业使用这种定价策略时的尾数选择有所不同。例如，在美国，5 美元以下商品的价格多以 9 为尾数（如 4.99 美元），5 美元以上商品的价格多以 95 为尾数（如 8.95 美元）；在我国，商品价格常以 6、8、9 为尾数，如 4.9 元、298 元等，因为 6、8、9 这三个数字在我国寓意都比较好。

（二）整数定价策略

整数定价策略是指将商品的价格舍零凑整的定价技巧。与尾数定价策略相反，这种策略用在档次较高的商品或质量较好的商品上，能使消费者感觉商品的价值更高、质量更好。例如，某时装定价为 3 000 元，要比 2 999 元，更能让消费者觉得其品质更好，满足感更强。

此外，这种策略也能用在价值较低的方便商品上，可让消费者易于凑整，付款时比较便利，符合消费者的求便心理。例如，一些杂货店老板将店内的商品价格定为 2 元、10 元或 15 元等，既方便消费者，又方便自己。

（三）撇脂定价策略

撇脂定价策略是指在商品进入市场的初期，利用消费者求新、猎奇的心理，为商品确定很高的价格，以后再根据市场变化逐步降低价格的定价技巧。这种策略特别像人们从鲜牛奶中撇取脂肪来制作奶油时所采用的方法，因而被称为“撇脂定价策略”。这种策略既

有优点又有缺点。

1. 优点

- 能为企业尽快收回投资成本，并赚取丰厚的利润。
- 使商品给消费者留下质量优良的印象，并提高企业或商品的知名度。
- 使商品价格有较大的调整余地，如实行地区差别价、销量不好时降价等。

2. 缺点

- 商品进入市场初期，可能难以被消费者接受，从而不利于市场的开拓。
- 若商品无绝对优势或者无专利保护，则当商品赚取丰厚利润时，容易迅速吸引大批竞争者进入市场，从而造成商品的价格暴跌，致使企业无利可图。

若企业开发的商品有明显的、突出的优点，或有专利保护，暂时不会有竞争者时，可采用这种策略为商品定价。

（四）渗透定价策略

渗透定价策略是指在商品进入市场的初期，利用消费者求实、求廉的心理，为商品制定较低的价格，以迅速打开销路，待销路打开后，再逐步上调价格的定价技巧。它既有优点又有缺点。

1. 优点

- 能够迅速打开销路，以薄利多销增加利润总额。
- 能够迅速争取较多的消费者，并为商品塑造物美价廉的良好形象。
- 让商品具有较强的竞争力，能使企业长期占领市场或保持一定的市场占有份额。

2. 缺点

- 前期需要投入大量资金，且收回投资的期限较长。
- 逐步提高价格时，可能会使消费者产生抵触心理，进而影响商品销量和企业形象。

当商品需求量大、购买频率高，且企业有能力大量生产时，可采用这种策略来为商品定价。

（五）声望定价策略

声望定价策略是指企业利用自己在消费者心目中较高的声望，为商品制定较高价格来满足消费者求名心理的定价技巧。例如，某手表品牌为世界知名品牌，企业为其新产品定价为 4.6 万元，仍供不应求。这种策略能使消费者觉得商品的价值高、质量好，且能满足他们崇尚名牌或显示自己社会地位、经济状况的心理。它适用于知名度较高和品质有保障的商品。

营销案例

定位高端市场的云南白药牙膏

云南白药牙膏是云南白药集团股份有限公司推出的一种牙膏产品。2005 年左右，它携“云南白药”的深厚影响力横空出世，通过将传统白药化整为零、融入牙膏新载体的创新方式，打破了外国牙膏品牌在我国的垄断局面，一跃成为中国高端牙膏市场的领导者。

云南白药是云南著名的中成药，由名贵药材制成，具有活血化瘀等功效，是云南省特产、中国国家地理标志产品，早已获得了中国消费者的信赖。在云南白药这种深厚影响力下，云南白药牙膏上市时就定价为 22 元，而当时市场上的牙膏价格大多在 10 元以内。

22 元的高价格打破了中国消费者对国产牙膏品牌的传统认知，拉开了云南白药与其他牙膏品牌的距离。云南白药牙膏上市后，一年内销售额就突破了 1 亿元，之后更是实现跨越式增长。打破牙膏市场常规定价，定位高端市场，是云南白药牙膏的成功秘诀之一。

（资料来源：中国国家品牌网，有改动）

（六）习惯定价策略

习惯定价策略是指根据消费者价格心理的习惯性来制定商品价格的定价技巧。例如，长期以来，市场上一瓶 500 毫升的矿泉水价格为 2 元左右，消费者已习惯了这种价格。某企业为其生产的矿泉水定价时，根据消费者价格心理的习惯性，也定为 2 元。对于日用品、生活服务品等消费者常用的商品，且市场上已有不少同类商品时，企业可用这种定价策略，以迎合消费者的价格心理，也有利于维持市场的稳定性。

（七）招徕定价策略

招徕定价策略是指为少数商品制定很低的价格，以吸引消费者前来消费，并借机带动其他正常定价商品的销售，使整体上获得盈利的定价技巧。使用这种策略时，企业应注意以下几点：

- 选择的商品应是很多消费者经常需要的，如生活必需品。
- 价格要明显低于市场价，只有这样，才能吸引消费者的注意。
- 低价商品数量要适当，太多可能会造成亏损，太少易引起消费者的反感。
- 此类商品要与因残次或邻近保质期而降价的商品区别开。

经营多种商品的商场、超市等购物场所，尤其是新开业的购物场所，常采用这种策略。

例如，近期鸡蛋价格为每斤 4.69 元左右，某超市在中秋节当天将鸡蛋每斤定价为 3.99 元，吸引了很多消费者，提高了超市的知名度。

（八）分级定价策略

分级定价策略是指将同一类商品划分为若干个等级，并对不同等级的商品进行差别定价的做法。例如，某公司将其生产的黄豆分为三个等级，每个等级定价分别为每斤 10 元、8 元和 5 元。

这种策略能满足不同消费者的需求，有利于消费者挑选、购买商品。但不同等级商品的价格差不好把握，若差价过小，消费者可能会怀疑不同等级商品之间的差别性；若差价过大，最高等级和最低等级商品的销量可能会不好。

课堂互动

有很多商品都有不同的等级，请分享一个你熟悉的例子，并说说它都有哪些价格。你平时会选择哪个价位的商品呢？为什么？

四、商品价格调整的心理策略

在商品销售过程中，企业自身条件、市场供求状况、商品成本等发生变化时，企业都会对商品的价格做出调整，以应对复杂的经营环境。而商品调价，不可避免地会对消费者的消费心理及购买行为产生影响。因此，调整商品价格时，企业可运用一些心理策略，以使调整后的价格符合消费者的心理要求。

（一）商品降价的心理策略

商品降价时，消费者可能产生如下心理：一是等待其继续降价，二是对其质量产生怀疑，三是认为便宜货有失身份，从而拒绝购买。为了确保商品降价能促进销售，企业应把握好降价时机和降价幅度，选择正确的降价方式。

1. 降价时机

- 对于时尚或新潮商品，应在其进入模仿阶段（即竞争者开始模仿生产和销售同类或类似商品的阶段）后期时降价。
- 对于季节性商品，应在换季时降价，若商品在当季中期就已出现库存积压的情况，则应立即采取适当的降价措施。
- 对于一般性商品，应在其进入成熟阶段（即商品销量稳定或达到顶峰，继而开始缓慢下滑的阶段）后期时开始降价。
- 此外，在重大节日（如春节、国庆节等）、企业的庆典日等特殊时间，也可对商品进行降价。

2. 降价幅度

商品降价的幅度应适宜，若幅度太小，不能引起消费者的注意，也不能刺激消费者的购买欲望；若幅度太大，则可能致使企业亏本或引发消费者对商品质量产生怀疑。一般情况下，商品降价幅度应控制在10%～30%，此时消费者会觉得以低价买到了高质量商品，能产生明显的促销效果。例如，某羽绒服原价为1 299元，春节期间，商店把其价格降为999元，销量大增。

当然，有些名牌商品，过了流行期和销售季节，价格下降的幅度即使超过30%，也会有很好的促销效果。因为，此类商品质量有保证，会吸引求实的消费者购买。

3. 降价方式

企业除了采用降低商品价格的直接降价方式外，还可通过增加商品的数量或容量、赠送样品或免费送货上门等间接方式来降价。直接降价能更好地吸引消费者的注意，达到促销目的，但容易引起竞争对手相继降价促销，从而引发"价格战"。间接降价对潜在消费者可能没有吸引力，但在恢复原价后，也不会引起消费者太大的反感。

此外，直接降价时，企业可采取对少数商品大幅降价的方式进行，这样能比对多数商品小幅降价取得更好的促销效果。例如，某鞋店在开业一周年当天，将几款新上市的鞋降价30%，而不是把所有鞋都降价10%。企业还应注意，不能过于频繁地降价，否则会使消费者对商品产生不信任的心理。

全聚德取消服务费，下调菜品价格

在迎来创建156周年之际，全聚德宣布所有门店大厅不再收取服务费，菜价整体下调10%～15%，以吸引消费者前来就餐。

大厅收10%，包间收15%，过去，全聚德门店服务费饱受消费者诟病。针对这一焦点矛盾，全聚德表示，除部分包间收取使用费外，所有的门店大厅全部停止收取服务费，且不会因为不收服务费就降低服务标准。

与此同时，全聚德还升级了菜单。全聚德依据史料记载，结合多位烤鸭界大师的改良和创新，重新设计制作了消失已久的鸭汤醋椒鱼、清炸鸭胗肝等名菜；同时增加鲜椒澳洲小牛肉、奶香金瓜香芋煲配法包等年轻人喜爱的菜品，以及芥辣鸭脯等原创菜。

新菜单为超过50%的菜品设定了会员价，会员价较正常价便宜3元、5元或10元不等，就连全聚德的招牌烤鸭会员价也降了20元。总体来看，全聚德菜价整体下调大约10%～15%。

全聚德宣布这项决定后，各大门店的客流量直线回升，证明它的这一决定收到了不错的效果。

（资料来源：新京报，有改动）

（二）商品提价的心理策略

一般来说，商品提价会引起消费者的不满，减少他们对此商品的需求量。为了把对销量的影响降到最低，获得更多利润，企业应把握好提价时机和提价幅度，选择正确的提价方式。

1. 提价时机

- 商品原材料价格上涨。
- 商品在上市时采用渗透定价策略，现在商品已进入成长期。
- 商品在市场上处于优势地位，不会因提价而造成市场占有率降低。
- 季节性商品即将进入销售旺季。
- 竞争对手提价。

2. 提价幅度

商品提价时，幅度应适中。提价幅度太大，会引起消费者的不满，让他们转而选择其他商品；幅度太小，对企业可能没什么帮助。提高商品价格时，企业应综合考虑多种因素，做出合理调整。

3. 提价方式

企业可直接提高商品价格，也可不改变商品价格，而通过减少商品数量、改用廉价包装等方式降低商品的成本，即间接涨价。例如，因原材料价格上涨，某企业生产的气泡水价格虽没变，但容量从500毫升变成了450毫升。间接涨价更容易被消费者接受，因此，常被企业选用。

企业在提高商品价格时，应积极地向消费者说明涨价原因，争取消费者的理解，并努力做好相关服务，让消费者觉得涨价是合理的。

课堂考核

（一）单项选择题

1. “德州扒鸡”这一名称运用了（　　）的心理策略。

A. 以商品的主要成分命名　　B. 以商品的产地命名

C. 以人名命名　　D. 以美好事物命名

2．（　　）不属于商品包装设计的心理要求。

A．方便性　　B．安全性　　C．习惯性　　D．艺术性

3．某品牌的面粉有 1 千克、5 千克和 10 千克等不同重量的包装，这是运用了（　　）的心理策略。

A．分量包装　　B．等级包装　　C．类似包装　　D．配套包装

4．小王发现一家水果店内西瓜的价格高于其认定的价格上限，便认为店家在漫天要价，进而拒绝购买。这体现了消费者价格心理的（　　）特征。

A．习惯性　　B．感受性　　C．敏感性　　D．倾向性

5．某家具公司推出一款新沙发，将其价格定为 3 999 元。这家公司运用了（　　）。

A．撇脂定价策略　　B．尾数定价策略

C．整数定价策略　　D．声望定价策略

（二）判断题

1．商品名称不会影响商品的销售情况。（　　）

2．商品包装可以提升商品的价值，促进商品销售。（　　）

3．商品包装越精美越好。（　　）

4．一般来说，消费者对需要经常购买的日用品价格变动不敏感。（　　）

5．商品降价后，销量不一定会增加。（　　）

（三）简答题

1．商品名称要符合哪些心理要求？

2．商品包装设计的心理策略有哪些？

3．企业可通过哪些方式提高商品的价格？

（四）案例分析题

一家珠宝店进了一批优质、漂亮的绿宝石。由于采购数量多，珠宝店老板担心这批绿宝石在短期内销售不完而影响资金周转，便决定低价销售。

然而，半个月内，购买绿宝石的人寥寥无几。珠宝店老板感到很困惑，他想：难道价格定得还是太高，应该再降低一些？此时，珠宝店老板接到外地生意伙伴的邀请，便去了外地。他来不及仔细研究绿宝石该降价多少，便在临行前匆匆地给店员留了一张纸条，上面写着："我走后，若绿宝石仍销售不畅，则可按 1/2 的价格卖掉。"

由于珠宝店老板写字时过于匆忙，纸条上的关键字"1/2"没有写清楚，致使店员将"1/2 的价格"误读成了"1～2 倍的价格"。于是，店员将绿宝石的价格提高了一倍，没想到，购买绿宝石的人却越来越多。接着，店员将绿宝石的价格又提高一倍，宝石在几天之内竟被一抢而空。

思考：为什么绿宝石的价格提高后反而卖得很快？这说明商品价格对消费需求有什么影响？

课后实训

实训目标

充分认识商品因素与消费心理的关系，了解一些在市场营销中常见的商品心理策略。

任务概述

全班自由分组，每组任选 1 种感兴趣的商品，为其想一个名称，设计一个包装，并制定价格。

任务分配

全班学生自由组合，每组 5～7 人，各组选出组长并进行任务分工，将小组成员及分工情况填入表 5-1 中。

表 5-1　小组成员及分工情况

班级		组号	指导教师	
小组成员	姓名	学号	任务分工及时间安排	
组长				
组员				

任务准备

（1）熟悉商品名称、包装设计和商品定价的相关知识。

（2）掌握画图方法。

任务实施

按照小组分工情况开展活动，并将具体的实施情况记录在表 5-2 中。

表 5-2　实施情况记录表

时间安排	实施步骤
	1．确定本组感兴趣的商品：
	2．调查市场上这种商品的名称、包装和价格情况
	3．为这种商品命名
	4．为这种商品设计一个包装 （另附图）
	5．为这种商品制定价格
	6．在全班同学面前进行讲解分享 （1）要说明起这个名称的原因和用到的心理策略 （2）要说明包装设计的思路和用到的心理策略及包装特色 （3）要说明制定这个价格的原因和用到的心理策略
	7．交流与总结 各组成员就此次活动的情况交流感想，并请老师对本次活动的整体情况做总结性发言

课后评价

各组配合指导老师完成如表 5-3 所示的考核评价表。

表 5-3　考核评价表

考核内容	评价标准	分值	评价得分		
			自评	互评	师评
知识与技能考核（40%）	能够举例说明商品名称的心理要求	10			
	能够阐明商品包装设计的心理要求	10			
	能够简要阐述商品价格的心理功能和消费者的价格心理特征	20			

（续表）

考核内容	评价标准	分值	评价得分		
			自评	互评	师评
过程与方法考核（20%）	课前积极预习本讲的内容	5			
	课中认真听讲，并积极参与课堂互动	10			
	课后主动复习所学知识	5			
实训考核（20%）	能够高效获取所选商品已有名称、包装和价格的信息	5			
	能够灵活运用商品命名、包装设计及定价的心理策略	15			
综合素养考核（20%）	具备创新精神，能够想出吸引人的商品名称	10			
	具有较强的审美能力，能够设计出有特色的商品包装	10			
合计		100			
总评	自评（20%）+互评（20%）+师评（60%）=	教师（签名）：			

第六讲

酒香也怕巷子深

——投放引人入胜的广告

课前导读

如今，人们足不出户就可以买到全球的商品，这导致了市场竞争日趋激烈。在这种情况下，企业要想自家商品脱颖而出，引起消费者注意，最好的办法就是对商品进行广告宣传。

本项目主要探讨了广告的分类、心理功能等基本知识，广告定位、广告设计、选择广告媒体及安排广告播出时间的心理策略，为企业设计和投放广告提供帮助。

知识目标

（1）了解广告的概念、分类和心理功能。

（2）熟悉广告定位、广告设计、选择广告媒体及安排广告播出时间的心理策略。

技能目标

（1）能运用所学的心理策略为商品设计广告。

（2）能根据所学知识，选择恰当的广告媒体，并安排合适的播出时间。

素质目标

（1）在广告宣传中树立诚信意识。

（2）体会广告所应传递的社会责任感。

模块一 了解广告的基本知识

案例导入

农夫山泉用过的广告语

农夫山泉有点甜

农夫山泉成立于1996年，在当时水市场以纯净水为主的情况下，农夫山泉率先提出了“天然水”这一概念。1997年6月，农夫山泉上市了产自浙江千岛湖水源地的天然水产品。1998年，农夫山泉为了突出天然矿泉水的口感，启用了著名的广告语——农夫山泉有点甜，并拍摄了多则广告，这让农夫山泉迅速在全国声名鹊起。

为什么农夫山泉要讲甜呢？其实这是一种心理暗示，因为在人们的认知习惯里，山泉水是甜的。“农夫山泉有点甜”这句广告语让消费者相信农夫山泉的水是来自大自然的，是纯天然的。

2000年4月24日，农夫山泉宣布不再生产纯净水，转而全部生产天然水。从此，农夫山泉开始坚持打造天然水品类，坚持在水源地建厂、水源地灌装，并且在广告中，始终强调“天然”的品牌价值内涵。

我们不生产水，我们只是大自然的搬运工

2008年，农夫山泉开始使用“我们不生产水，我们只是大自然的搬运工”这句话作为广告语，从品牌理念上再次诠释了农夫山泉是一个什么样的品牌，它的水是什么水。

什么样的水源孕育什么样的生命

2018年，农夫山泉以长白山的自然生灵为主角拍摄了一则广告。这则广告通过描述动物与生态环境的和谐共处，自然美景与水的融合，展现出农夫山泉天然水源地的自然安全，把“什么样的水源孕育什么样的生命”的健康饮水理念表现得淋漓尽致，巩固了农夫山泉在很多消费者心中的地位。

不同时期的农夫山泉采用了不同的广告语，这些广告语不仅琅琅上口，而且深入人心，农夫山泉也成为几乎每位消费者都喝过的水。

（资料来源：农夫山泉官网，有改动）

思考：你听过农夫山泉的这三句广告语吗？这三句广告语分别给你带来什么样的心理感受？

一、广告的概念

广告是指向社会公众告知某件事物的信息传播手段。广告就其含义来说，有广义和狭义之分。广义广告是指一切为了传播信息的手段，如政府公告，社会团体的启事、声明和某个企业的商品广告等。狭义广告是指以营利为目的的广告，通常指的是商业广告，也叫经济广告。商业广告是指企业为推销商品或服务，有计划地通过一定的媒介（如网络、电视、报刊和杂志等），将商品或服务信息传递给大众的宣传手段。其目的是唤起大众对商品或服务信息的注意，并引导大众实施消费行为，以获得盈利。

商业广告的作用和意义

本书所要介绍的广告是指狭义广告，即商业广告，如公共汽车上的粽子广告（见图6-1）和公众号内的电子产品广告（见图6-2）。

图6-1　粽子广告

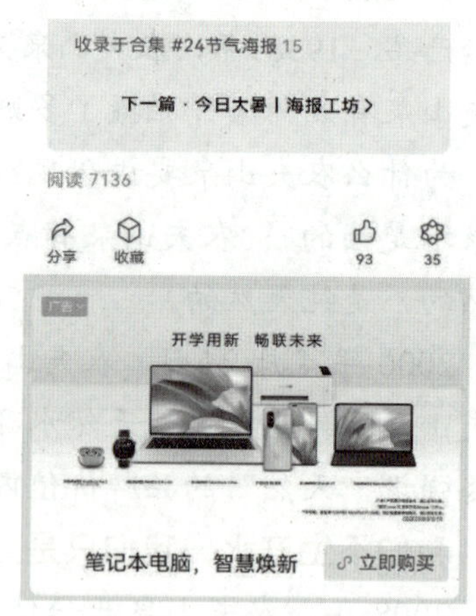

图6-2　电子产品广告

二、广告的分类

（一）按照广告目的划分

1．产品广告

产品广告是指以销售为导向，着重向消费者传达商品信息（如品牌、功能、价格和优势等），追求经济利益的广告。例如，某止疼药的广告词为“疼痛难忍，用×××布洛芬缓释胶囊，缓解多种疼痛”，清楚地表明了商品的品牌和功能。

2．形象广告

形象广告是指某个企业通过给消费者留下一种好印象或改变其在消费者心中的原有形象，以获得消费者青睐的广告。这种广告更多以“文化传播”“生活方式引导”等形式呈现。例如，某家具品牌在 2021 年世界地球日当天推出一则广告，广告片中的北极熊呼吁大家节能减排，从生活中的每一件小事开始做起。这则广告不仅具有一定的公益性，而且通过非常直观的方式向观众展现了该品牌产品的环保特性，赢得了消费者的好感。

中国邮政新年短片：美好共度，风雨并肩

2022 年 1 月，中国邮政集团有限公司（以下简称“中国邮政”）推出广告片《并肩》，致敬每一个在困境中向上而生的普通人。广告片以肩膀为切入点，传递中国邮政始终与人民并肩的品牌理念。

广告片开局展现了四组人生活中的“难”：因暴雨而影响收成的果农，一年的努力付之一炬，这是许多农户面临的困难处境；对每笔账单精打细算的中年人，面临破产的风险；遭遇裁员的年轻人，对未来迷茫，不知该去向何方；居家隔离的家庭主妇，希望为孩子的每一餐提供更多营养，也变得如此艰难……

中国邮政帮助果农修复果园，同时积极帮助他们探索“电商+助农+直播”的促销新模式，助其灾后生产恢复；邮政信用卡、小额贷款给每个处在困境中的普通人带来希望；通过邮政速运，打通从农村到城市的通道，开启瓜果鲜蔬极速到家模式，让农民的丰收成果登上每个城市人的餐桌……

广告一经推出，便触动了很多人的心灵，中国邮政不惧困难，迎难而上，与人民风雨并肩，始终相随，用肩膀扛起责任与担当的国企形象也深入人心。

（二）按照广告媒体划分

1. 平面媒体广告

平面媒体广告，又称“印刷媒体广告”，即刊登于报纸、杂志、海报、宣传单及包装等媒体上的广告，如某报纸上一家地产集团的广告（见图 6-3）和一家餐厅的宣传单广告（见图 6-4）。

不同的平面媒体广告有不同的特点。例如，报纸广告能够长期保存信息，且费用相对较低，对于中小企业来说是投放广告极佳的选择，但其时效性短，且容易被人忽略。又如，杂志的纸质一般比较好，杂志广告能够更好地展示商品信息，但杂志出版周期一般较长，因此不能及时传递广告信息，且受众群体有限。

大河报
不动产登记开始“一站式办公”
郑州楼市昨日还发布另一条大新闻：13家房企或被罚近千万，多因未明码标价
本报停报不停播
“报花团”
直播十一
“七天乐”
欠人两千多万 却还住着千万别墅
10月7日盛大开盘

图 6-3 报纸广告

图 6-4 宣传单广告

2. 电子媒体广告

电子媒体广告是指以电子信息技术、电子媒体来传达广告信息的广告形式，如以广播、电视和电子显示屏等为传播载体的广告。例如，某电视台播放的汽车广告（见图 6-5）。

图 6-5 电视广告

电子媒体广告因具体媒体的表现形式不同，特点也不一样。例如，广播广告以声音为表现方式，其传播信息的速度快、范围广，但缺乏视觉表现力且难以保存信息。又如，电视广告能够综合地运用文字、声音和图像等多种方式，具有优质的视听效果，感染力强，且信息传播速度快、范围广，但受时间的限制，只能在特定时间段播出，且价格较高。

3. 户外媒体广告

户外媒体广告是指利用路牌、交通工具和热气球等户外媒体所做的广告，如公共汽车站牌上的企业广告、饮料广告（见图 6-6）和热气球上的啤酒广告（见图 6-7）。户外媒体广告形式多样、时效性长且价格低廉，但其传播的信息量有限，且广告效果难以评估。

图 6-6　路牌广告

图 6-7　热气球广告

4. 销售现场广告

销售现场广告，又称“POP 广告”，是指在商场、展销会等销售场所进行信息传播的广告，如某品牌润滑油的广告和一些食品广告（见图 6-8）。销售现场广告有助于消费者近距离观察商品，从而引发他们的购买欲望，但对销售现场的要求较高。

图 6-8　销售现场广告

5. 网络广告

网络广告是依托于互联网发布信息的一种广告形式，具有传播速度快、覆盖面广、不受时间限制、形式多样等优势，因此是当下最有效、最具发展潜力的广告形式。

根据表现形式的不同，常见的网络广告有网幅广告、文本链接广告、电子邮件广告、弹出式广告、悬浮式广告、信息流广告和软文广告等。

1）网幅广告

网幅广告又称“旗帜广告、横幅广告”，通常位于网站的页首部分，如图 6-9 所示。它是网络广告最早采用的形式，通常带有链接功能，当消费者点击该广告时，可以链接到企业希望被浏览的网页。

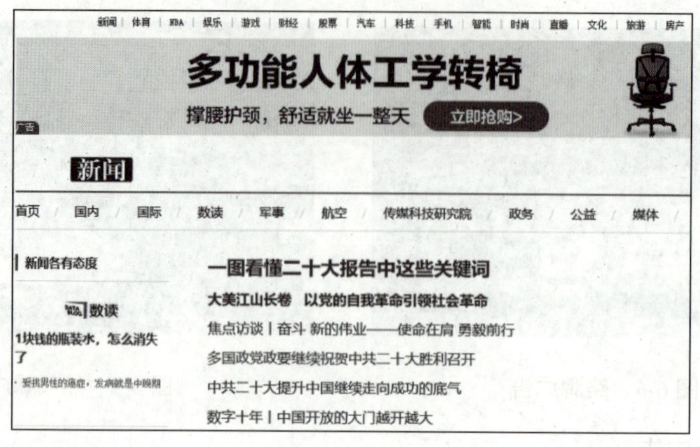

图 6-9 网幅广告

2）文本链接广告

文本链接广告是以文字为唯一要素的广告，通常以一排文字的形式呈现，如图 6-10 所示。消费者点击文字即可进入相应广告页面。这是一种对人们干扰最小，但却较为有效的网络广告形式。

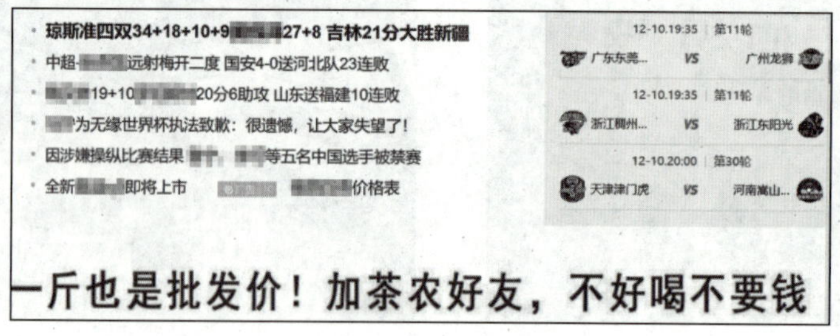

图 6-10 文本链接广告

3）电子邮件广告

电子邮件广告是通过互联网以电子邮件的形式发送给邮箱用户的广告，如图 6-11 所示。电子邮件广告可以单独发送，也可以搭载其他内容一起发送给目标消费者。例如，电子邮件广告可以附在电子刊物、新闻等内容后发送给目标消费者。

4）弹出式广告

弹出式广告是在开启网页时弹出的广告，如图 6-12 所示。弹出式广告通常出现在页面的中心位置，具有打断网页访问、强迫观看的特点，因此很受企业的青睐。但由于弹出式广告遮盖了页面内容，容易使人感到厌烦，所以它需要具有针对性和趣味性才能不令人反感。

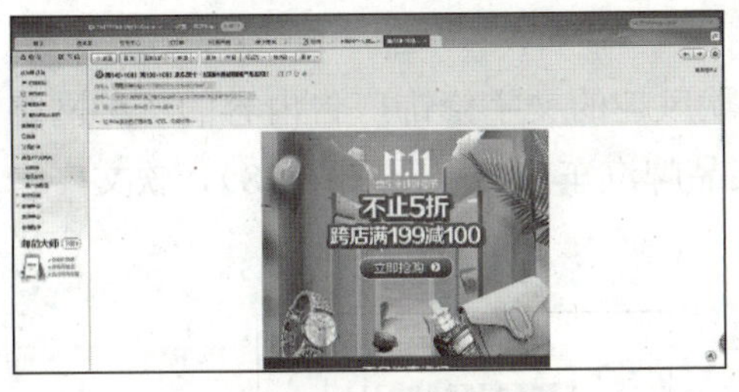

图 6-11　电子邮件广告

图 6-12　弹出式广告

5）悬浮式广告

悬浮式广告既指位于页面下方空白处，位置不会变动的广告，如图 6-13 所示，又指悬浮在页面主体内容的单侧或两侧，随页面的上下移动而移动的广告，如图 6-14 所示。它的优点是可以一直出现在人们的视线范围内，给人留下深刻的印象。

图 6-13　悬浮式广告

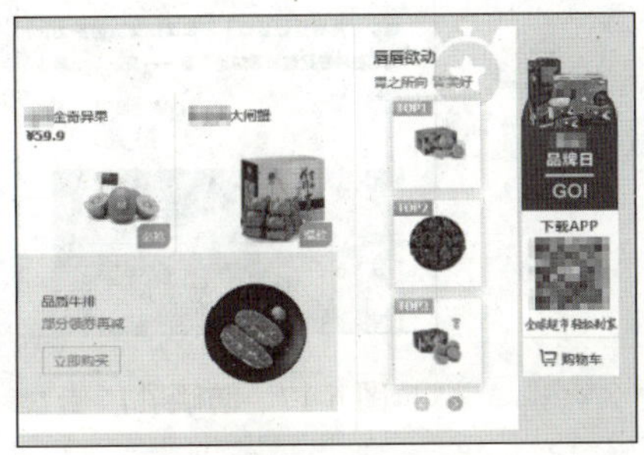

图 6-14　悬浮式广告

6）信息流广告

信息流广告是位于社交媒体用户的好友动态、资讯媒体和视听媒体内容流中的广告，如朋友圈内的汽车广告（见图 6-15）和微博上的酸奶广告（见图 6-16）。这种广告通常有很好的动画效果，不易使人反感，因此很受企业的欢迎。

图 6-15　汽车广告

图 6-16　酸奶广告

7）软文广告

软文广告是指将广告隐藏于文章中，或者用幽默风趣的文字修饰广告内容的一种网络广告形式，如某品牌防晒乳广告（见图 6-17）和某品牌汽车广告（见图 6-18）。软文广告的文案通常趣味盎然，因此更容易被人接受。

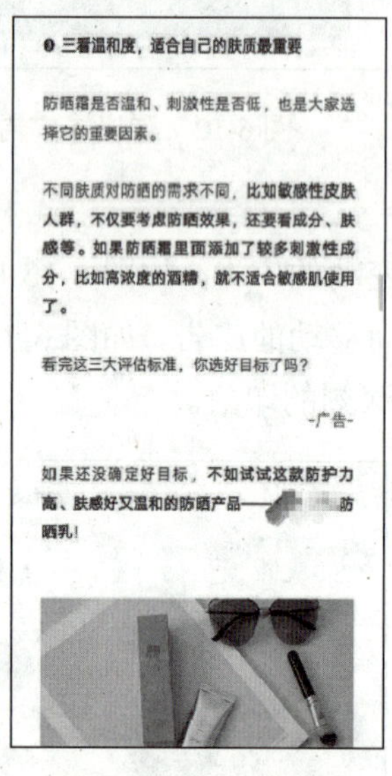

图 6-17 防晒乳广告

图 6-18 汽车广告

营销案例

POLO 衫软文广告

某品牌 POLO 衫曾在一时尚网站上发布过一篇名为《对于穿 POLO 衫，我从来不将就！》的软文广告。在这篇软文广告中，该品牌选取了多个街拍片段，包括明星、模特和时尚潮人分别穿着 POLO 衫街拍的片段，以此引出穿 POLO 衫如何进行街拍及 POLO 衫的搭配原则。在浏览者看这篇软文并产生认同感的时候，他们就不知不觉地对软文中的 POLO 衫产生了购买欲望。

三、广告的心理功能

广告的心理功能是指广告对消费者的心理所产生的作用和影响，主要包括认知信息、引导消费、帮助决策、思维导向和审美娱乐等功能。

（一）认知信息功能

广告能够通过图案、文字和声音等多种形式向消费者传递各种商品信息，使消费者自觉或不自觉地认识、了解某种商品。例如，某手机“充电五分钟，通话两小时”的广告词，向消费者传递了该手机充电快、续航时间长的特点。

认知信息功能是广告最基本的心理功能，能够使消费者对商品有一定的认识，为其做出消费决策打下基础。

（二）引导消费功能

广告能够通过选用合适的代言人，展示权威性资料或产品功能，讲述新奇、幽默、有趣的故事等方式吸引消费者的注意，唤起他们的潜在需求，引发其产生购买欲望，进而引导其实施购买行为。例如，某红茶品牌邀请当下正红的明星为其产品代言，吸引了很多年轻消费者购买；某奶茶品牌通过广告语“一年卖出十亿杯，杯子连起来可绕地球三圈”说明其产品销量高，暗示其产品好喝，吸引更多奶茶爱好者购买；某口香糖广告通过妙趣横生、引人入胜的广告情节，吸引消费者对其产品产生好奇心，进而购买尝试。

课堂互动

很多人都有过这样的经历：购买某种商品是因为它的广告。请分享一个你这样的经历。

（三）帮助决策功能

广告能告知消费者某种商品在同类商品中的优势，为消费者提供购买依据和理由，帮助消费者做出合理的购买决策。例如，某奶粉广告指出其产品“更适合中国宝宝体质”，说明了该奶粉的优势，能帮助很多消费者做决策。

（四）思维导向功能

广告在推销商品或服务的同时，还可以向消费者传递新知识、新理念或未来生活的新趋势等，从而使消费者开拓视野、转变观念，更好地接受新产品。例如，某自动驾驶汽车的广告让消费者了解了汽车领域的新发展，使消费者打消对自动驾驶安全性的疑虑，愿意尝试自动驾驶汽车；某新能源汽车的广告告知消费者要绿色消费，培育其保护环境的意识，使消费者更愿意选择新能源汽车而非传统油车。

（五）审美娱乐功能

文字生动、画面优美、音乐动听，整体具有较高艺术性的广告，能够引发人们丰富的联想，使消费者在接收商品信息的同时获得美的享受。例如，某手机广告中，主人公先是在四面环山的湖上划着小船，后又徒步在郁郁葱葱的森林里，其间，他用手机拍摄了很多自然美景，这让消费者欣赏美丽风景的同时，了解到该手机卓越的拍照性能。

模块二 掌握广告的心理策略

案例导入

农夫山泉独具特色的广告

农夫山泉成立后不久，便在诸多水品牌中脱颖而出，销量领先，很大程度上得益于其不断推出的独具特色的广告。

1998 年 4 月，农夫山泉在中央电视台推出“农夫山泉有点甜之‘课堂篇’”广告：课堂上，老师往黑板上写字时，一个学生想喝水，推拉瓶盖时发出的“蹦”“蹦”声引起老师和同学们的注意，老师生气地说：“上课时不要发出这种声音！”但下课后老师和同学们一起喝水，并赞叹“农夫山泉有点甜”。这则广告针对儿童好奇心重的特征，突出商品瓶盖可以发出声响的特点，并强调其水源为天然水，避开与娃哈哈、乐百氏等当时知名品牌在相同市场上的竞争，一举打开了消费市场。

2001 年年初，农夫山泉宣布从 2001 年 1 月 1 日到 2001 年 7 月 31 日销售的每一瓶农夫山泉中，拿出 1 分钱捐给中国奥委会，代表消费者支持中国申奥事业，并请当时的申奥形象大使为其做广告。到截止日，农夫山泉的销量达到 4 亿多瓶，为 2000 年同期销售的两倍。

2002 年 3 月，农夫山泉再次推出“一分钱”活动，并推出一则阳光工程广告，宣布从当年 4 月 1 日到 12 月 31 日销售的每一瓶农夫山泉中，拿出 1 分钱支持贫困地区的体育教育事业，再一次打动了消费者的心。2003 年，农夫山泉又推出一则“阳光工程篇”广告，讲述了“一分钱”的去向和其为贫困地区孩子们所做的贡献，博得了消费者的好感。

2014 年 3 月，农夫山泉推出 3 分钟长版广告，在中央电视台黄金时段播放。广告片以纪实的手法，表现了农夫山泉对优质水源地的孜孜以求，宣传了企业“水源地建厂，水源地灌装”的核心理念，一经播出便引起了强烈反响。

之后，农夫山泉又推出了很多极具特色的广告，并凭借这些广告，奠定了其在消费者心中的良好形象。

思考：你还看过农夫山泉的哪些广告？哪个广告令你印象深刻？你认为这些广告为何能让农夫山泉获得成功？

广告能否实现企业想要的效果，关键在于其对消费者心理产生了什么样的影响，也就是说，企业需要在广告定位、广告设计、媒体选择和播出时间安排上，都掌握相应的心理策略。

一、广告定位的心理策略

广告定位是指通过探寻具有竞争力和差别性的产品特点，结合适宜的广告媒体，树立企业及其产品的良好形象，使其在消费者心中占有一定位置的一种广告方法。不同的企业根据自己不同产品的特色，可采取不同的广告定位策略。

（一）市场定位策略

目标市场

市场定位策略是指根据某种标准，把整个市场进行细分，找出最有利的目标市场，进而确定目标消费者，然后根据消费者的地域特点、文化背景、心理特点等，策划能打动这一类型消费者的广告策略。例如，某手机品牌根据女性消费者注重商品外观的心理特点，不仅在广告中突出产品的外观特色，还注重广告整体的艺术性，在女性消费群体中收到了良好的效果。

（二）产品定位策略

产品定位策略是指将最能代表产品特性、本质和内涵的某些产品特点，突出进行宣传的做法。企业可从产品的质量、文化、价格等着手，通过广告充分展示产品的特色，树立产品独一无二的形象。例如，某奶制品企业在其一款奶粉广告中突出奶源优势，赢得了很多消费者对其产品的信任。又如，某无糖饮料推出主题为“0 糖 0 脂 0 卡”的广告，点明产品特性，取得良好的市场效果。

（三）观念定位策略

观念定位策略是指在广告中融入产品所具有的某种意义或价值取向，以迎合目标消费者的某种心理需求，同时突出产品优势的做法。例如，某保健品广告突出其产品不仅能带给人健康，而且是馈赠长辈的佳品，迎合了消费者的孝心，销量一路领先。

（四）企业形象定位策略

企业形象定位策略是指通过宣传企业文化、信誉和特色等，树立或改变企业在消费者心目中的形象，以提高企业知名度，赢得消费者信赖的做法。例如，某企业的广告突出其“永不止步”的精神，给消费者一种积极向上、永远向前的感觉，使消费者对企业的产品产生信赖感。

二、广告设计的心理策略

（一）引起注意策略

引起注意策略是指企业在进行广告设计时有意识地增强广告的吸引力，以引起消费者的注意，从而增强广告效果的做法。通常，引起消费者注意的具体方法有如下几种。

扫一扫

如何通过广告提升品牌知名度

1. 采用新奇有趣的构思

这是指采用诙谐幽默、个性化的广告词或新颖奇特的广告图案等，来突出广告商品的特色，以吸引消费者注意的做法。例如，某豆腐乳采用“臭名远扬，香飘万里”做广告词，突出商品闻着臭、吃着香的特点，吸引消费者的注意；某护发素广告没有直接展示商品，而是将一把梳子卡在缠在一起的电线上（见图 6-19），让人们先联想到梳不通的头发，进而想起能解决这一问题的护发素，广告新奇有趣，引起了很多消费者的注意。

图 6-19　护发素广告

2. 选用诱人的题材

这是指选用社会热点题材或大众普遍关心的题材（如环境保护、养生保健和文化传承等）作为广告的切入点，以引起消费者的注意的做法。例如，西凤酒以文化传承为题材，用“五千年文明，三千年西凤”做广告词，在说明商品历史悠久的同时，也表明商品质量有保证、值得消费者信赖。又如，在 2022 北京冬奥会期间，多个品牌以冬奥会为主题，或以普通人的视角将日常生活想象为赛场，或与冬奥会吉祥物联手，或邀请奥运冠军拍摄广告，借冬奥“东风”开展营销。

营销案例

百事可乐新春贺岁片创新演绎“新年味”

在中国人的年俗里，“载歌载舞”是老少皆宜、永不落伍的方式。2022 年春节前夕，百事可乐用年轻态的语言创新演绎“新年味”，拍摄了一则融合歌舞、特效和中国传统文化符号的新春贺岁片。广告中，百事代言人、美年达代言人和百事新春代言人联袂演绎传统年俗，将几代中国人都耳熟能详的《恭喜恭喜》以说唱形式呈现，实现了年轻化元素与传统过年场景的“新旧交融”，展现出新生代对传统文化的认可与传承。这则广告吸引了很多消费者的注意，获得了他们的一致好评，对百事可乐的销量起到了很好的促进作用。

（资料来源：澎湃新闻，有改动）

3．增强刺激的强度

这是指采用各种方式对广告中的文字、图案和声音等元素进行加工，以增强对消费者视觉或听觉的刺激强度，进而引起他们对广告的注意的做法。例如，某科技公司的广告通过依次播放早晨的闹钟声、煎鸡蛋时的声音和榨汁机的嗡鸣声，白天的键盘声、咖啡机的声音和蓝牙耳机的提示声，晚上电灯开启的声音和吹风机的声音等，放大展示了自家产品在各个场景产生的声音，精致的画面传达了“美好生活”的意象，触动了很多人的心灵。

（二）提供购买理由策略

这是指在广告中为消费者提供一个合情合理的购买理由，以增强消费者的购买欲望，促使其实施购买行为的做法。例如，某西服的广告词“男人应该享受”，为消费者提供了一个恰当的购买理由——应该享受；王老吉凉茶的广告词“怕上火，就喝王老吉”，为消费者提供了一个合适的购买理由——避免上火。

（三）启发联想策略

启发联想策略是指使广告内容能够引发消费者产生好的联想，进而引发其购买欲望的做法。启发联想的具体方法主要有以下几种。

1．形象法

这是指在广告中，选用一些形象好的人或事物，让消费者看后产生美好联想的做法。例如，某化妆品公司请了几位形象好的当红明星来为其产品打广告，让消费者产生自己使用其产品后也会变美的联想。

2．暗示法

这是指通过语言或画面制造一种耐人寻味的意境，给予消费者一种暗示，使消费者产生美好联想的做法。例如，某酒品牌的广告词“真正的感觉在喝了之后”，暗示消费者喝完该酒能获得不一般的享受，激发消费者购买的欲望；某钟表公司的广告词“本公司在世界各地的维修人员闲得无聊”，暗示其钟表的质量好。

3．对比法

这是指利用同类商品的优劣对比，或者使用同一商品前后不同效果的对比，让消费者联想到广告商品品质优良的做法。例如，某中老年钙片广告中，主人公以前锻炼时经常感觉腿疼，吃了一段时间钙片后，锻炼时充满活力，“一口气上五楼，不费劲”，启发消费者联想到服用广告商品后的良好效果。

（四）激发情感策略

激发情感策略是指采用各种方式使消费者对广告商品产生信任感，或使消费者产生某种积极的情感，进而促进其实施购买行为的做法。激发情感的具体方法主要有以下几种。

1．演示法

这是指在广告中演示商品的使用或操作过程，让消费者直接观察到商品的优点，进而产生积极情感的做法。例如，某豆浆机广告演示了豆浆机的使用和清洗过程，向消费者直观地展现了豆浆机功能多样、操作简便、清洗容易的特点，赢得了很多消费者的青睐。

2．证明法

这是指通过在广告中引用有关专家、教授等权威人士对广告商品的评价，或展示广告商品的科学鉴定结果、获得的荣誉证书等，来证明广告商品性能可靠、质量优越，以获得消费者信任的做法。例如，某牙膏的广告中，引用牙科博士的话，证明该牙膏抗敏效果好。

3．写实法

这是指在广告中适当说明商品的不足之处，合理表现商品的特点，以赢得消费者信赖的做法。例如，某服饰广告中特意指出“由于科技原因，褐色染料还做不到不褪色，但其他色彩可以保证不褪色，请顾客挑选时注意”，坦诚地暴露了商品的不足，反而获得了消费者对企业的信任，坚定了消费者的购买决心。

4．融情法

这是指在广告中融入亲情、友情等情感因素，以表达对消费者的关爱，或让消费者看完广告后找到情感寄托、产生情感共鸣等，进而激发消费者购买欲望的做法。例如，某酒类产品广告词“××酒虽好，可不要贪杯哦”，既表明了商品质量好，又表达了对消费者的关爱，瞬间拉近了与消费者之间的距离；某巧克力品牌在广告中展现了一家人温馨和谐的欢聚情景，甜蜜的巧克力传达了亲情的美好，愉快的氛围感染了很多消费者。

营销案例

美的广告《迁徙人间》，引发消费者共鸣

美的曾为其无风感空调发布品牌广告片《迁徙人间》。广告片模仿纪录片的形式，描述了女主人公从21岁到32岁的数次搬家经历。广告片镜头干净清爽，没有展示搬家的忙乱不堪，而是通过女主人公的独白，展示出其成长过程和心境变化，引发大量与女主人公有相同经历的消费者的共鸣。

广告片在文案和情节上采用了“一语双关”的方式。广告中数次出现的“风”不仅指空调的风力，还代表着生活中的困难。第一次搬家时，“风很大”不仅表示空调的冷风直吹，还表示刚开始的生活像逆风前行。而片尾一句“愿迁徙的每一个你，下一站无风”，不仅传达了产品的无风感特性，也赋予了产品情感属性，将产品与情怀完美结合，在情感共鸣中，引发消费者需求。

（资料来源：中国广告网，有改动）

（五）增强记忆策略

增强记忆策略是指通过重复广告信息中的关键部分，在潜移默化中使消费者记住广告商品的信息，让消费者需要时能首先想起广告商品的做法。例如，某保健品广告通过多次重复“今年过年不收礼，收礼还收×××”这句话，突出商品名称，起到了很好的宣传效果。

课堂互动

讲一则让你记忆深刻的广告，并说一说你为什么一直记着它。

三、选择广告媒体的心理策略

（一）根据媒体性质选择

不同媒体的传播范围、对消费者的吸引力及需要的费用等都不同。企业选择广告媒体时，可根据媒体的这些特点来做选择，以取得满意的效果。例如，若想使广告信息被全国范围内的消费者知晓，则适合选择全国性的电视台（如中央电视台）、网络等作为广告媒体；若产品是面向某一地区的消费者，则适合选择地方性的报刊、广播和电视台等；若企业用于广告的预算高，则可以选择费用高的媒体来获得更高的曝光率，如收视率高的电视台。

（二）根据消费者特性选择

不同的消费群体常接触的媒体不同，可根据广告商品所面向的消费群体的文化程度、职业和兴趣等因素来选择广告媒体，以提高广告投放的针对性，收到更好的广告促销效果。例如，由于儿童经常看电视，且对动画片比较感兴趣，因此，面向儿童消费群体的商品，适合选择经常播放动画片的电视台投放广告；很多老年人喜欢听广播、看报纸，因此，面向老年消费群体的商品，可以选择广播广告或报纸广告。

（三）根据广告商品特性选择

广告商品本身的性能、档次和适用对象等不同，应根据自身特性选择不同的广告媒体。例如，工业品与消费品、生活用品与奢侈品，会选择不同的媒体进行广告宣传，对于工艺美术品，适合选择色彩效果好和感染力强的电视广告或杂志广告等，精密仪器广告则适合投放在专业期刊杂志上。

商品、广告媒体和消费者互相适合，是广告取得理想效果的关键，因此，企业投放广告时，要综合考虑多种因素，选择最合适的广告媒体。

四、安排广告播出时间的心理策略

安排广告播出时间的心理策略主要包括广告时序策略和广告时机策略。

（一）广告时序策略

广告时序策略是指发布广告的时间与广告商品进入市场的时间，有先后次序上的讲究。这种策略一般又分为以下三种。

1. 提前策略

这是指在广告商品进入市场之前发布广告，以便利用预期的广告效果促进商品销售的做法。例如，某企业在其最新款手机上市之前，就在多个广告媒体上投放了大量广告。这种策略适用于时令性商品或消费者比较熟悉的商品，如服装、电脑和手机等。

2. 即时策略

这是指在广告商品进入市场的同时发布广告，以便消费者结合广告信息来了解商品实物的做法。例如，某企业在其新口味的饮料进入市场的同时，投放大量广告进行宣传。这种策略适用于高档商品或消费者不了解的新型商品。

3. 延时策略

这是指先将广告商品投入市场，再在合适的时候发布广告的做法。例如，某企业在其新款服饰上市一段时间后，再在网络上投放广告进行宣传。这种策略适用于对市场前景没有十足把握的商品。

营销案例

食品企业延时投放零添加豆瓣广告

某食品企业于 2021 年 7 月推出了零添加挤挤装豆瓣酱（见图 6-20），这一产品实现了产品与包装的双重升级。“零添加”符合消费者对调味品健康美味的新要求，“挤挤装”则使消费者使用更方便，但由于价格较高，该食品企业对消费者能否接受有些不太确定。不料，该豆瓣酱一经上市就广受好评。

图 6-20　零添加挤挤装豆瓣酱

于是，2021 年 8 月，该食品企业在高铁站、机场电子大屏幕上投放电子媒体广告，在高速公路路牌上投放户外媒体广告，助力新品持续曝光。

这一系列的广告不仅让豆瓣酱的销量增加了很多，还将该食品企业所倡导的健康调味理念传递给更多的消费者，进一步打造并强化了该食品企业健康调味品倡导者的品牌形象，提升了品牌感知度与认同度。

（资料来源：凤凰网，有改动）

（二）广告时机策略

广告时机策略是指利用重大活动的举办（如奥运会、商品博览会等）、节日（如春节、国庆节等）等有利时机发布广告的做法。例如，中石化、蒙牛和燕京啤酒等多家企业利用 2022 年北京冬奥会的举办，发布广告；春节期间，很多企业都会发布春节版广告。

营销案例

中石化冬奥主题品牌广告

2022 年 2 月 14 日，中国石油化工集团有限公司（以下简称“中石化”）推出冬奥主题品牌广告，在主流媒体平台持续播放。该广告通过讲述中石化作为北京 2022 年冬奥会和冬残奥会官方油气合作伙伴助力冬奥的故事，突出中石化“洁净、创新、责任”等经营理念。

该广告片立意鲜明、构思精巧，通过冬奥会这一契机，以“看不见的力量”为切入点，将赛场之外运动员的拼搏努力与冬奥会背后中石化的担当奉献巧妙连接。氢能、光伏、风电、48K 大丝束碳纤维等新能源新技术通过镜头“硬核展现”，充分彰显了中石化在履行保障国家能源安全、引领我国石化工业高质量发展、担当国家战略科技力量“三大核心职责”中的积极作为。

（资料来源：中国石化报，有改动）

课堂考核

（一）单项选择题

1. 下列选项中不属于商业广告的心理功能的是（　　）。

A. 引导消费功能　　B. 思维导向功能

C. 代为付费功能　　D. 帮助决策功能

2. “晶晶亮 透心凉”这句广告词运用了（　　）的心理策略。

A. 市场定位　　B. 产品定位

C. 观念定位　　D. 企业形象定位

3. 某企业在广告中说明了商品的缺点，这是运用了广告设计心理策略中的（　　）。

A. 演示法　　B. 证明法　　C. 写实法　　D. 融情法

4. 对于儿童玩具，企业最适合选用（　　）。

A. 报纸广告　　B. 杂志广告　　C. 电梯广告　　D. 电视广告

5. 对于高档商品或消费者不了解的新型商品，企业应（　　）。

A. 在商品进入市场前投放广告　　B. 在商品进入市场的同时投放广告

C. 在商品进入市场后投放广告　　D. 不打广告

（二）判断题

1. 广告是指以营利为目的的，一切为了传播信息的手段。（　　）
2. 广告只能分为产品广告和形象广告。（　　）
3. 企业可通过广告带给消费者美的享受。（　　）
4. 广告越新奇有趣，越能激发消费者的购买欲望。（　　）
5. 企业可在春节、中秋节等节日时投放广告。（　　）

（三）简答题

1. 按照投放的广告媒体划分，可将广告分为哪几类？
2. 网络广告有哪些优点和缺点？

3．企业可通过什么方法使广告内容引发消费者产生好的联想？

（四）案例分析题

某品牌方便面曾在电视上投放过这样一则广告：一男一女像拉家常一样，娓娓道出各自喜欢这款方便面的理由。广告中的男女虽都不是明星，但这一则广告却取得了良好的促销效果。

思考： 该品牌在设计这则广告时运用了什么心理策略？你还知道哪些方便面广告？它们采用了什么心理策略？

课后实训

实训目标

了解广告的基本知识，掌握广告定位与设计的心理策略。

任务概述

选择一家感兴趣的企业或一种感兴趣的商品，为其拍摄一则视频广告。拍摄完成后，各小组派出代表，向全班同学播放广告并分享广告的设计思路、拍摄历程及本组的心得。

任务分配

全班学生自由组合，每组 5～7 人，各组选出组长并进行任务分工，将小组成员及分工情况填入表 6-1 中。

表 6-1 小组成员及分工情况

班级		组号		指导教师	
小组成员	姓名	学号	任务分工及时间安排		
组长					
组员					

任务准备

（1）熟悉广告的基本知识及心理策略。

（2）掌握视频拍摄及剪辑方法。

任务实施

按照小组分工情况开展活动，并将具体的实施情况记录在表 6-2 中。

表 6-2　实施情况记录表

时间安排	实施步骤
	1．确定本组感兴趣的企业或商品：
	2．查找并分析该企业或商品投放过的视频广告及影响
	3．确定广告定位
	4．形成广告设计思路
	5．拍摄广告并进行剪辑
	6．小组讨论，总结心得
	7．向全班同学播放广告并进行讲解分享

课后评价

各组配合指导老师完成如表 6-3 所示的考核评价表。

表 6-3　考核评价表

考核内容	评价标准	分值	评价得分		
			自评	互评	师评
知识与技能考核（40%）	能够阐明广告的概念、分类和心理功能	10			
	能够选择合适的广告定位	10			
	能够正确选择广告媒体	10			
	能够合理安排广告播出时间	10			
过程与方法考核（20%）	课前积极预习本讲的内容	5			
	课中认真听讲，并积极参与课堂互动	10			
	课后主动复习所学知识	5			
实训考核（20%）	能够正确分析所选择的企业或商品投放过的视频广告及影响	5			
	能够拍摄出让人印象深刻的广告	15			
综合素养考核（20%）	具备团队精神，能够积极地与他人合作	10			
	具有较强的社会责任感，能够在广告中传递正能量	10			
合计		100			
总评	自评（20%）+互评（20%）+师评（60%）=	教师（签名）：			

第七讲

开门喜迎八方客

——营造宾至如归的购物环境

课前导读

购物环境是指商品销售所需要的场所和空间，以及与之相配套的营销服务设施设备和附属场所。它可以分为外部购物环境和内部购物环境。消费者在线下购物时，其消费心理很容易受到购物环境的影响。优美的购物环境能给消费者留下美好的第一印象，反之，杂乱的购物环境可能让消费者望而却步。因此，了解购物环境与消费心理的关系，充分利用购物环境来促进商品销售，对市场营销人员来说是十分有必要的。

本项目主要探讨了商店位置、招牌、橱窗、内部装饰和商品陈列与消费心理的关系，为市场营销人员营造宾至如归的购物环境提供一定的指导。

知识目标

（1）了解商店位置的心理效应、商店招牌和橱窗的心理功能，掌握商店命名和橱窗设计的心理策略。

（2）掌握商店内部装饰的心理策略和商品陈列的方法。

能力目标

（1）能根据所学知识，为商店选址、起名和设计橱窗。

（2）能合理地进行商店内部装饰和商品陈列。

素质目标

（1）学会换位思考，能够站在消费者的角度考虑问题。

（2）树立以消费者为本、为消费者服务的意识。

模块一　了解外部购物环境与消费心理的关系

案例导入

西西弗书店外部环境

西西弗书店是一家全国性主题体验连锁书店，它是以希腊神话中的人物西西弗斯来命名的。西西弗斯曾是希腊半岛上的科林斯城的建立者和国王，却最终因触犯了众神，被惩罚去做一件事——将一块巨石推上山顶。由于那块巨石太重了，未上山顶就会滚下山去，于是西西弗斯就永无止境地重复做这件事，而他的生命就在这样无效无望的劳作中慢慢消耗殆尽。

西西弗书店为什么会以一个悲剧人物的名字来命名呢？其创始人认为，西西弗斯从事的持续的劳动看上去仿佛是无效的，但其中蕴含着自由选择并永恒向上推动的寓意。书店创始人希望西西弗书店可以成为图书行业或者文化行业的西西弗斯。

长期以来，西西弗书店秉承"参与构成本地精神生活"的价值理念，以"引导推动大众精品阅读"的经营理念发展连锁书店，截至 2021 年 4 月，已在全国 80 多个城市拥有 300 多家实体连锁书店。

在西西弗书店入驻的一线城市中，门店选址购物场所的比重高达 55%以上，其中北京的 25 家门店有 80%位于商圈；新一线城市除南京和西安外，选址商圈的比重也达到 50%及以上；二线城市除贵阳和济南外，商圈门店的比重同样在 50%以上，哈尔滨、大连甚至有 83%以上。

书店不应该建在学校和住宅区附近吗？为什么西西弗书店青睐商圈呢？实际上，不仅是西西弗书店，现在大部分的连锁书店选址都倾向于商圈，理由是成本更低。当下的书店一般都带有两个特质，一个是文化象征，另一个是商业化、大众化。地产商们清晰地认识到，实体书店能提高商圈内的文化氛围，能吸引更多的人流量，人流多了商圈的盈利自然会增多。为此，地产商们愿意以低租金或门店装修补贴，甚至免租等形式来招募书店以丰富业态，这就解决了书店的成本问题。据悉，西西弗书店绝大部分门店的租金都控制在总成本的 10%以内。而且商圈本来人流量就要相对多，选址于商圈，也能保证书店的客流量。

思考：西西弗书店使用了什么样的命名方式？你还知道哪些品牌的命名方式与它类似吗？西西弗书店的选址方法合理吗？你认为在为商店选址时要考虑哪些因素？

外部购物环境主要包括商店的位置、招牌和橱窗等。商店的位置决定了店铺自身的发展前途，商店的招牌体现了其形象和精神，而构思精巧、美轮美奂的橱窗则展示了企业的经营特色，可以引起消费者的注意，使其产生进入商店内部选购的欲望。因此，营造有吸引力的外部购物环境，对企业来说是十分有必要的。

一、商店位置与消费心理

（一）聚集心理效应

消费者需要购买多种生活用品时，往往会选择去商店种类较多的商业区。因此，销售日常生活用品的商店应选址于商业氛围浓厚的城市中心或繁华地区。这些地区客流量大，也有利于商店的发展与营利。例如，在北京，小米、安踏、百雀羚和东来顺等企业选择在客流量大的西单大悦城、朝阳大悦城等商场内开设店铺，就是利用了聚集心理效应。

开店选址的策略

消费者需要购买灯具、瓷砖等家居建材或其他专业性强的耐用商品时，通常会选择去销售这些商品的商店聚集的地方，如建材城。因此，灯具店、瓷砖店和家具店等销售耐用性商品的商店应选址于同类商店聚集的地方。

（二）便捷心理效应

消费者购买生活用品等都有求便心理。因此，综合型商场、大型超市等的位置应选在交通便利地和人口居住地。

交通便利地是指便于消费者前来购买商品和携带所购商品返程的地方，如离地铁站、公交车站和停车场等近的地方。例如，像华为、李宁等大型消费品企业喜欢在交通便利的区域开设新店。此外，选址于交通便利地也有利于商店采购商品，确保经营活动的正常进行。

人口居住地是指人口密度较大的居住区域，这样的地方便于消费者就近购物，能节省他们的出行时间。例如，水果店、菜市场和小型日用品超市等常开在居民楼附近，方便消费者来购物。

营销案例

某连锁咖啡店的选址策略

截至2021年10月，某世界著名的连锁咖啡店全球门店总数已达到33 833家，其中在中国有5 360家门店。

选址时，该咖啡店首先会利用内部数据平台，对预想店面附近的零售商圈、公共交通及人口分布做出评估。选定商圈后，该咖啡店则会测算人流、确定主要流动线、选择聚客点，把与聚客点相隔不远的位置作为门店选址的地方。

纵观该咖啡店已开的门店位置，可以看出，只要是人流密集的地段，如核心商业区、高端写字楼区域等，都成了该咖啡店开店的目标地。以国内该咖啡店数量最多的上海为例，该咖啡店在上海南京西路沿线和徐家汇附近门店数量犹为集中。其他如静安寺、中山公园等商业中心也较密集。

此外，该咖啡店选址倾向于车行道右侧的街角，因为这样的位置方便路过的人入店消费。

（资料来源：中国房地产数据研究院官网，有改动）

二、商店招牌与消费心理

商店招牌是指用来标示商店名称或经营范围的牌子，一般包括店名和店徽，通常悬挂在商店门上方或商店门旁边的墙壁上，如图 7-1 所示。

图 7-1　商店招牌

（一）商店招牌的心理功能

1. 识别与引导

商店招牌通常指明了商店的主要经营范围和经营特色，能使消费者快速识别商店的经营项目，帮助他们找到能实现购买目的的商店。例如，“宝岛眼镜店”“姐弟俩土豆粉”“平价大药房”等招牌上的商店名称都明确指出了商店的经营项目，让消费者一看招牌就能知道其是否是自己寻找的商店。

2．引起注意或诱发联想

有些商店招牌上的名称非常有趣，有些商店招牌外观新颖、独特或具有艺术性，能够有效地刺激消费者的视觉，引起消费者注意或使消费者产生美好的联想，进而促使其进入店内浏览商品并积极购买。例如，类似“劝君上当一回”“傻子大盘鸡”“箱包佬”等商店名称很有意思，能引起消费者的兴趣或好奇心；有些用灯箱、霓虹灯等材料制成的立体化招牌（见图7-2），美观、醒目，能吸引消费者的注意力；采用名人书法的匾额招牌（见图7-3），富有传统文化气息，能使消费者对商店的经营历史、商品特色和服务质量产生美好联想。

图7-2　立体化招牌

图7-3　匾额招牌

3．易于记忆与方便传播

大部分招牌上的商店名称非常简短，且读起来琅琅上口，便于消费者记忆和传播。例如，“喜茶”“物美”“超市发”等商店名称，很多消费者看一遍就能记住。

（二）商店命名的心理策略

商店名称是商店招牌的重要组成部分。想要制作有吸引力的招牌，应首先为商店取一个恰当的名字。商店命名的心理策略主要有以下几种。

1．以经营特色或主营商品命名

这类商店名称能直接反映商店的经营特色或主营商品，使消费者通过商店名称可以迅速了解商店的经营项目，为其购物提供方便。例如，“菜根香素菜馆”反映出商店专门经营素菜的特色；“光明眼镜店”反映出商店的主营商品是眼镜。

2．以经营宗旨或服务精神命名

这类商店名称能反映出商店经营者文明经商、讲究信誉和保证质量等经营宗旨或全心全意为消费者服务的精神，以赢得消费者的好感，获得他们的信任。例如，“一分利小吃店”反映出经营者薄利多销的经营宗旨；“24 小时便利店”反映出经营者全天为消费者提

供服务的精神。

3. 以人名或民间传说命名

这是指以商店创始人、历史人物、名人等的姓名或民间传说为商店命名的做法。这种做法能使商店建立自己的声望、反映其悠久的经营历史或经营者的丰富学识，以满足消费者的求名动机和追求高雅的心理。例如，“李宁”“松下”“强生”等均以创始人名字命名；“陆羽茶社”含有编写我国第一部茶叶专著《茶经》的唐代学者陆羽的姓名，通过源远流长的茶文化表现商店的人文内涵；“东坡酒店”含有宋代著名文学家苏东坡的名字，以彰显酒店深厚的文化意蕴。

心理小课堂

以创始人姓名命名的具体情况

以创始人姓名为商店命名的做法又分为几种情况：第一种是用全名，如“杨振华笔庄”，其创始人就叫杨振华；第二种是用部分姓名，如“王开照相馆”，其创始人叫王炽开，店名取了比较简易好记的“王开”二字；第三种是不用姓氏，只用名，如“鸿翔时装公司”就是以创始人金鸿翔的名字命名的；第四种是以姓或名加吉祥字词命名，如“叶大昌茶食店”，店名取创始人叶启宇的姓，加上“大昌”二字。

另外，不少合资的商店，往往采取创始人姓名合成的命名方法，如“老正兴菜馆”的“正兴”二字，就是从两位创始人祝正本和蔡仁兴的名字中各抽一字组成的。

4. 以寓意美好的词语命名

这是指用寓意美好的词语为商店命名的做法。这种做法迎合了消费者追求吉祥、美好的心理，促使他们对商店及其经营的商品产生亲切感。例如，“福庆楼酒店”“老凤祥”等名称能使消费者联想到吉祥、幸福与美好。

（三）商店招牌的表现与设置

1. 要鲜明、醒目

商店招牌要鲜明、醒目，这样才能在众多商店中脱颖而出，引起消费者的注意。这可通过选用合适的颜色、字体等方式来实现。例如，某便利店招牌底色为红色，店名为白色（见图 7-4），颜色搭配醒目，能给消费者留下较深刻的印象。商店还可用霓虹灯、射灯等灯具来装饰招牌，以使招牌在晚上也能被人看清。

图 7-4　便利店招牌

2．要与外部环境相协调

这是指商店招牌的颜色、大小、材质等要与商店的建筑特色、外部整体装潢、所处环境等风格一致，以使商店外部整体上看起来较为美观。例如，在一些古街上，很多商店招牌都为黑色或褐色木质材料，既与街道的整体风格相搭配，又能显得店铺历史悠久。

三、商店橱窗与消费心理

扫一扫

商店橱窗的种类

商店橱窗是指在商店沿街或面向商场过道的方向设置的玻璃窗，用以展示或陈列商品，如图 7-5 所示。其通常通过布景道具的装饰、衬托，并配合灯光、色彩和文字说明，对商品进行介绍和宣传，同时对商店外观进行美化，是一种重要的广告形式和装饰手段。

图 7-5　商店橱窗

（一）商店橱窗的心理功能

1．吸引注意，引发购买欲望

消费者漫步在商店林立的街道上，极具个性的橱窗就是商店的名片，能很好地吸引消费者的注意，激发他们对店内商品产生兴趣。橱窗内展示的商品通常是商店最具代表性的商品或者刚上市的新品，通过对橱窗精心布置与设计，能够放大商品的特色与优点，极大地激发消费者的购物欲望。图 7-6 为某服饰店精心布置的橱窗，其展示的衣服鞋包仿佛都飘浮在空中，再配以极具设计感的装饰，会令消费者产生美的感受，使其不由自主想进店试穿。

2．建立信任，增强信心

商店橱窗在展示商品时，或设置情景，或使用模特，通过各种手段将商品的相关信息如用途、效果等如实地传递给消费者，这可以让他们形成对商品直观、整体的印象，使其进一步感受到商品的货真价实，增强他们的购买信心。例如，某珠宝店橱窗内摆放了一套首饰：一条项链、一串手链和一对耳环（见图 7-7），能让消费者直接感受到首饰的质感及佩戴后的效果，增强其购买的信心。

图 7-6　某服饰店橱窗

图 7-7　某珠宝店橱窗

3．引发联想，激发购买欲望

商店橱窗通常经过精心设计，具有一定的装饰风格、艺术美感和时代气息，能让消费者畅想自己拥有商品后的情景，进而想要进店选购。例如，某服饰店橱窗背景为一个古老的屋檐（见图 7-8），屋檐下摆放着木桌、木凳和一幅画，充满田园气息，不仅与雅致、舒适的衣服很搭配，还能让消费者感觉轻松怡然，乐于去店中消费。

图 7-8　某服饰店橱窗

课堂互动

假设你是一家蛋糕店的营销人员，你会如何布置橱窗吸引消费者的注意？

（二）商店橱窗设计的心理策略

1. 精选商品，突出特色

这种策略是在橱窗内陈列能反映商店经营特色的商品，并根据陈列商品的特点，巧妙地对其进行组合或搭配，突出陈列商品的优良品质和个性特征，以引起消费者的注意，吸引其进店选购。例如，某蛋糕店在橱窗内放置了多个不同款式的蛋糕，还根据蛋糕的风格选择了芭比娃娃和白天鹅来搭配（见图 7-9），很好地突出了这家蛋糕店精致、优雅、唯美的特色。

2. 赋予美感，塑造形象

这种策略是通过主次对比、大小对比和色彩对比等艺术手段，巧妙地对橱窗进行设计，使橱窗看起来新颖独特、悦目动人。好的橱窗不仅能够美化商店，塑造其形象，还能给消费者带来视觉冲击，使其获得美的享受。例如，某服装店将两套衣服陈列在橱窗中间位置（见图 7-10），并将大量与衣服色系相同的仿真花朵围绕衣服四周，营造出春色满园的景象，极富美感。

图 7-9　某蛋糕店橱窗

图 7-10　某服装店橱窗

营销案例

“踏雪寻梅”主题橱窗

某女装店营销人员曾设计了以“踏雪寻梅”为主题的橱窗（见图 7-11），很有特色。首先，通过打光使橱窗整体呈金黄色，看上去就像大雪过后，阳光刚照射大

地的那一瞬间。其次，衣服上的花卉刺绣和背景板上的花卉互相映衬，橱窗内道具错落摆放，营造出雪后初晴，暗香扑鼻的美好意境。最后，橱窗一侧的藤编茶座上摆放着古香古色的茶具，营造出一种雪中赏梅、煮茶品茗的风雅之趣，与雅致、舒适风格的服饰相映成趣、相得益彰。

图 7-11　某女装店橱窗

3．以景抒情，启发联想

这种策略是通过在橱窗内营造一种情景，创造一种特殊的氛围，赋予橱窗内的商品一些使用价值外的特殊象征意义，以满足消费者的某种情感需要，激发他们产生美好联想，进而促使他们对店内商品产生兴趣。例如，在圣诞节前夕，某服装店利用礼品盒、圣诞树等在橱窗内营造出一种快乐的节日氛围（见图 7-12），使消费者感受到浓厚的节日气息，促使他们购买商品，欢度节日。

图 7-12　圣诞橱窗

（三）商店橱窗布置的流程

1．确定主题

设计橱窗时，营销人员应先考虑清楚橱窗展示的目的，即想给消费者留下什么样的印象，据此确定一个主题，随后所有设计均围绕这一主题进行。例如，某奢侈品店为向消费者展示人类与大自然之间的关系，曾以“生命的脉流”为主题，设计了以下橱窗（见图 7-13）。

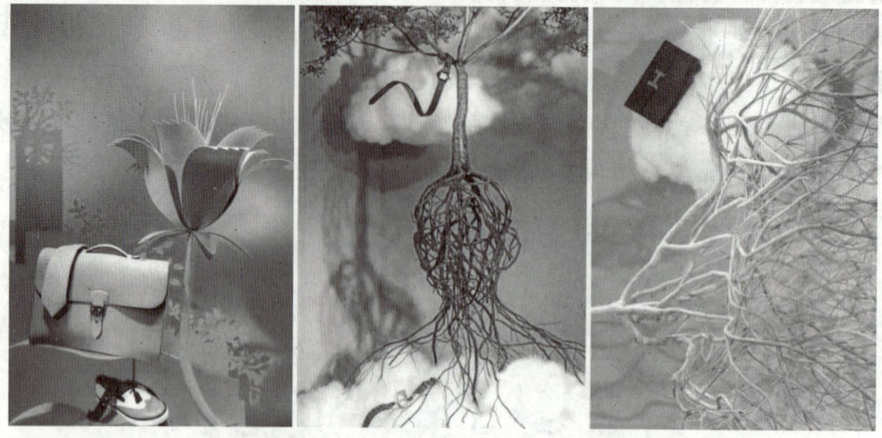

图 7-13 “生命的脉流”主题橱窗

2．综合规划

主题确定后，要据此挑选合适的陈列商品。然后，根据商品的颜色、材质、尺寸等特征和橱窗的大小、形状，决定道具、配饰和灯光，并设计所有物品的具体陈列方式。例如，上述奢侈品店橱窗以明亮色调的背景墙映衬花朵、人形根须、树木和云朵，包、皮带、鞋子及其他品牌配饰游走其中，描绘出一番意味深长的超现实主义场景，暗示了被人类淡忘的与自然界的共生关系。

需要注意的是，规划时要把商店的整体装饰风格和周围环境考虑进去，以使橱窗与周围环境相协调。

3．布置与调整

综合规划后，要准备所有需要的物品，然后按照设计好的陈列方式进行布置。布置完成后，要进行效果评价，并根据实际情况进行改进和调整，以使橱窗呈现出最好的效果。

模块二 熟悉内部购物环境与消费心理的关系

案例导入

西西弗书店内部环境

西西弗书店有三大店型产品线，分别是标准线（图书种类较多的一般型书店）、主题线（以“城市生活”“旅行”等某一主题为特色的书店）和定制线（根据城市特色定制的书店），以此来和不同城市商业体的定位相匹配。标准线又根据消费者定位，

分为黑标店（以城市收入较高者为目标消费者的书店）、红标店（以父母、孩子为目标消费者的书店）和绿标店（综合性的书店）。其中，绿标店是目前西西弗门店数量最多的店型。

西西弗绿标店通常规模不大，店内以深红、墨绿、棕黄和玄黑为主色调，整体呈复古风格，如图 7-14 所示。店内使用柔和的平光源，营造出温润平和的暖意；错落的光线铺洒在层次丰富的图书上，制造出浓厚的阅读氛围。

一进西西弗书店，读者就能看到地面上画着的导引图（见图 7-15），生活、心理心灵、文学等图书分类区域和“七十二阅听课”儿童阅馆等方向都标示得很清楚。走进书店，地面上还有“少儿多彩的童年”等字样和箭头，方便读者寻书。

图 7-14　西西弗书店内部环境

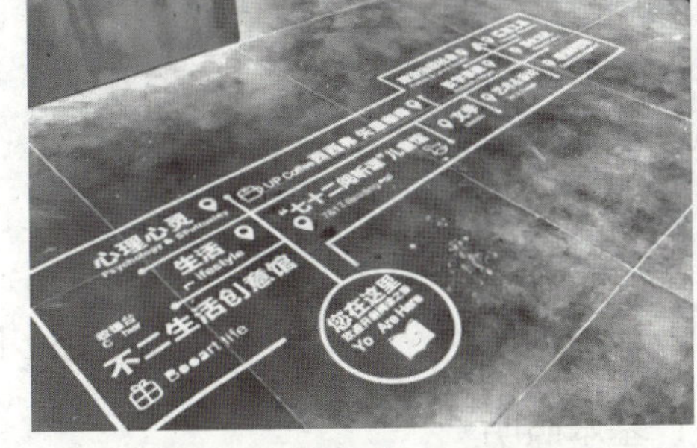

图 7-15　西西弗书店内部导引图

在书籍陈列上，西西弗书店刚进门的位置通常会摆放一些近期参与活动的书籍，过道里则摆放的是畅销书，工具书会摆放在店内较偏的位置。

店内还有儿童体验区，可供 12 岁以下的孩子进行阅读。儿童体验区设置精巧，按照孩子的年龄顺序来安排图书的摆放，方便让不同年龄层的孩子进行图书的选取。

此外，西西弗书店还有自己的咖啡馆。咖啡馆的装修风格和书店一致，并且提供咖啡和甜点，丰富了读者的阅读体验。

思考：你认为西西弗书店内部环境的优点与缺点分别是什么？还可以从哪些方面进行改进？你认为商店在营造内部环境时应注意什么？

内部购物环境主要包括商店的内部装饰、商品的摆放等，其通常以刺激感官、感染情绪的方式影响着消费者的心理。方便、舒适、温馨的内部购物环境，可以使消费者心情愉快，进而增强他们的购买欲望。与此同时，营销人员在这样的工作环境中也会心情舒畅，能以更加饱满的热情服务顾客。

一、内部装饰与消费心理

（一）照明

商店内明亮、柔和的灯光（见图 7-16），不仅可以帮助消费者更好地观察商品，还可以美化商品、烘托气氛。因此，营销人员可以巧妙地利用灯光照明来影响消费者的情绪，进而诱导其进行消费。商店内部照明一般分为基本照明、特别照明和装饰照明。

图 7-16　照明

1. 基本照明

基本照明是指为了弥补自然光源的不足，用以维持商店内部的能见度而配置的照明。基本照明的光线强弱应根据商店主营商品及其目标消费者而定。例如，主营商品为暗色系服饰的商店，基本照明不能太暗，否则会使人感觉压抑，从而拒绝进入；主营商品是面向老年人的，商店内的光线应适当强一些，以免老年消费者看不清商品。

当商店面积较大时，可在最里面配置光线较强的光源，前面和侧面部分次之，中部可稍微弱些。这种配置可以使消费者的视线本能地转向较明亮的里面，吸引他们从外到内走遍整个商店。

2. 特别照明

特别照明是指为突出某些商品而专门配置的照明。它的位置和光线强弱一般根据商品的形态、种类、大小、展示方式等特性而定。例如，珠宝玉器、手表等昂贵商品的柜台里通常会设置定向聚光灯、底灯等，以更好地呈现出这些商品的耀眼华贵；服饰店的橱窗内则多使用聚光灯、背景灯等，以更好地展示服装的样式造型，突出其质感、色彩。

3. 装饰照明

装饰照明是指为美化商店环境、渲染购买气氛而配置的照明，多采用装饰性强、外形美观的照明设备。装饰照明能创造独特的环境氛围，给顾客以舒适愉悦的感觉，但其不可滥用，以免引起顾客视觉疲劳。例如，某服饰店悬挂的棉花云朵灯（见图 7-17），起到了很好的装饰效果，让店内整体环境显得温馨、浪漫。

图 7-17 棉花云朵灯

营销案例

连锁咖啡店灯光设计

某连锁咖啡店根据门店的不同情况，采用了不同的采光途径。在风景区的门店主要是靠自然采光，而在市区的门店主要是靠人为采光。根据主要消费群体年龄的不同，不同门店基本照明的光线强弱也不同。例如，在年轻人多的区域，店内光线就偏暗一些；但在中年人多的区域，店内光线就会强一些。

在光源选择上，该咖啡店的门店多使用点光源，星星点点的射灯在位置上也很有讲究。例如，点餐区射灯较多，较明亮，能吸引消费者前来点餐。每盏灯之间的距离都是经过测算的，能营造一种舒适温馨的氛围，让消费者在此放松身心，有愉悦的消费体验。此外，这种射灯可以 360° 旋转调整方向，无论消费者坐在哪一个方向，灯光都不会直射在他们脸上，不会晃到他们的眼睛。

（资料来源：澎湃新闻，有改动）

（二）色彩

1. 色彩对人的心理作用

根据色彩使人产生的心理感受，可将其分为冷色和暖色。使人心理上感觉凉爽的颜色就属于冷色，使人心理上感觉温暖的颜色则属于暖色。

冷色和暖色带给人的感受截然不同。黄色、橙色和红色等暖色，能让人产生放松、温馨、兴奋的感觉，且富有激励性。很多快餐店墙壁和桌椅的颜色都采用鲜艳的红色或者明亮的橙色，就是因为这两种颜色会使人吃饭的速度变快，这样餐厅可以接待更多的顾客。

青色、绿色和蓝色等冷色则会让人感觉安静、沉稳、凉爽。例如，一些游泳馆把墙壁刷成蓝色，让消费者一进入馆内就感觉凉爽。

图 7-18　某女装店内部色彩

2. 色彩配置的原则

1）色彩配置要统一

杂乱的色彩会使消费者眼花缭乱，从而使他们拒绝进店或快速离开。因此，商店内天花板、地板及货架等所有物品的颜色基调应统一，不宜有太大差别。例如，某女装店墙壁、部分货架及桌子的颜色都为粉色（见图 7-18），营造出一种浪漫的氛围，能吸引不少女性消费者进店选购。

营销人员为商店进行色彩配置时，可根据品牌特色及想要营造的内部环境特征，确定色彩基调，即内部装饰的主色，然后据此选择具体物品的颜色。

营销案例

某化妆品店内部装饰

某化妆品品牌以保护自然为理念，其产品原料都来自有机栽培的植物，产品包装也是由可回收的环保材料制成，大多为绿色和白色。

为体现品牌特色，突出产品优势，这个品牌的旗舰店店面设计简洁、大气，地面铺设灰黑色的瓷砖，墙壁为白色，黑白对比显得店内极为干净、利落，如图 7-19 所示。而浅棕色的实木多层置物架顶层上摆放着整排绿色的盆栽植物，带来一种富含大自然气息的美感。店内楼梯一侧绿色的藤蔓装饰墙，则让人倍感清新活力。店内的色彩使用处处与品牌特色相呼应，非常好地衬托了商品。

图 7-19　某化妆品店内部装饰

（资料来源：澎湃新闻，有改动）

2）考虑消费者的色彩偏好

不同的人喜欢不同的颜色，如儿童大都喜欢黄色、绿色等鲜艳的色彩，老人喜欢白色、灰色等朴素的色彩。因此，商店色彩配置应充分考虑目标消费群体的色彩偏好，以满足他们的审美需求。

3）扩大商店的空间感

一般来说，深色能给人以空间压缩的错觉，浅色能给人以空间扩大的感觉。因此，营销人员可以利用色彩来扩大商店的空间感，改变消费者的视觉印象，并使其产生舒适、开阔的感觉。例如，商店墙壁选用白色或浅黄色，可以扩大经营场所的空间感。

（三）声音

商店内的声音能够刺激消费者的听觉器官，影响其在消费过程中的感受。因此，营销人员可以在商店内播放语音或音乐，创造良好的购物环境，影响消费者的心理，进而促进商品销售。通过声音影响消费者的具体途径主要有以下两种。

1. 播放广告信息

播放广告信息能向消费者传递商品降价信息、优惠信息或者某些商品的功能信息等，以吸引店内外消费者的注意力或指导现场的消费者购物。

2. 播放音乐

商店内播放优美的音乐，能够渲染店内的购物气氛，调节消费者的情绪，激发其产生购买欲望。例如，在咖啡厅内播放舒缓、柔和的爵士音乐，能够营造一种轻松、舒适的氛围，使顾客能够放松身心，品味咖啡的醇香；逢年过节，超市里都会播放一些喜庆的乐曲，营造浓厚的过年氛围，激发人们置办年货的热情，从而促进商品销售。

需要注意的是，营销人员选择音乐时，应考虑商品特色，使音乐风格与所销售商品相匹配。同时，还应考虑目标消费群体的特征，使音乐能激发他们的共鸣，进而吸引其对商品产生兴趣。例如，销售地方特色商品的商店，可以播放一些地方民俗音乐；销售艺术品的商店，可以播放一些轻音乐或古典音乐；销售老年用品的商店，可以播放一些能够勾起老年消费者美好回忆的音乐。

此外，不论商店内播放什么内容的信息，其音量大小都要适宜。音量过小，无法引起消费者的注意，还可能使消费者因听不清而产生厌烦情绪；音量过大，则会使消费者感觉烦躁，甚至给他们带来生理上的不适。

（四）微气候

商店微气候是指店内的空气质量、温度和湿度。空气清新，温、湿度适中，能使消费者感觉舒适、愉快，增加其在商店内停留的时间，进而增强其购买的可能性。

1. 空气质量

首先，营销人员应保持店内外的洁净卫生，并适时开窗通风，保证店内的空气新鲜。其次，营销人员可根据主营商品的特性，在店内放置具有芳香气味的各种花草或人工香料，营造店内独特的氛围，使消费者在购物过程中神清气爽、心情舒畅。

2. 温度和湿度

营销人员应根据自然天气状况，借助空调、加湿器等设备，创造温、湿度适宜的购物环境，给消费者带来良好的购物体验。

（五）辅助设施

条件允许时，营销人员可在店内合适位置放置沙发、饮水机、儿童玩具桌等辅助设施，为消费者提供更多便利，给他们留下良好的印象，促使他们成为回头客。

绿水青山

多个品牌开设环保主题门店

随着人们环保意识的不断提高，很多品牌在设计门店时纷纷选择环保主题。这些商店在装修时，运用了多种环保材料，在店内环境的设计上，也试着营造自然、环保的氛围，有的还售卖环保小商品，处处体现环保理念。

2015 年，太平洋咖啡在北京国贸开了首家环保主题概念店。这家店使用的装饰材料，是铁路发展过程中的更替资源；展示架是用回收枕木加工改造而成；绿色植物用咖啡渣施肥；店内的很多小商品是用咖啡渣及其他食物余料循环再造的可降解产品制作而成。例如，回收的咖啡渣进行烘干处理后加入生物降解树脂，通过注塑技术制成环保保温杯；使用牛奶纤维、菠萝纤维合成纤维购物袋；用茶叶渣回收制成汽水瓶哑铃等。

图 7-20　纸吸管排列而成的招牌

2020 年，喜茶在深圳海岸城开了首家环保主题门店。这家店的门头招牌是用纸吸管排列而成的，如图 7-20 所示。店内所使用的设备由各种环保再生材料制作而成。例如，店内的圆桌，用的是回收红柚皮成分加人造石料，热压成型。

图 7-21　枯树

2021 年，Manner Coffee 在上海开了一家环保主题快闪咖啡店。店内以绿色和原木色为主色调，营造出一种自然的清新感。店内的许多设施由咖啡渣再生材料制作而成，如吧台及客座区的桌椅。门店入口处摆着一棵枯树（见图 7-21），树下的土壤则是贫瘠的咖啡渣。Manner Coffee 以此来号召顾客合理处理咖啡渣，减少随

意丢弃，避免对环境及植物造成破坏。而门店经营期间产生的咖啡渣，除了供顾客自取进行二次使用以外，其他均会回收再利用。

现在，这样的环保商店越来越多，它们不仅为保护环境做出了一些贡献，也身体力行地向顾客发起号召，保护环境，与此同时，也赢得了顾客的喜爱。

（资料来源：搜狐网，有改动）

二、商品陈列与消费心理

商品陈列是指柜台及货架上商品摆放的位置、搭配及整体表现形式。商品陈列恰当时，不仅能方便消费者选购商品，还能起到一定的促销作用。因此，营销人员有必要了解消费者对商品陈列的心理要求，掌握商品陈列的方法。

（一）商品陈列的心理要求

1. 高度适宜，方便挑选

消费者进入商店后，一般会环视陈列的商品，寻找所需商品的大概位置。因此，同类商品应尽可能摆放在相邻的位置上，并且要将价格、性能、规格等信息标清楚，便于消费者挑选与比较，以缩短他们的决策时间。

此外，商品陈列的高度应适宜，要有利于消费者观察和拿取商品。一般来说，商品以摆放在离地面 0.8～1.7 米高处为宜。

2. 适应习惯，便于选购

当商品种类比较多时，营销人员要考虑消费者购买不同商品时的消费习惯，合理陈列商品，方便他们选购。例如，消费者购买日常生活用品时，通常希望快速完成消费行为，因此，这类商品的陈列位置要明显，且离收银处和商店出口较近；消费者购买较贵重的商品时，通常会花较长的时间选购商品，因此，这类商品应陈列在店内比较安静且相对宽敞的地方，给消费者仔细挑选商品、慎重做购买决策提供条件。

3. 清洁整齐，疏密有致

对营销人员来说，陈列商品的柜台、货架及商品表面的干净清洁是第一位的，遍布灰尘的商品不会引发消费者的购买欲望。此外，商品陈列还要保持整齐，讲究疏密有致，既不能出现空缺，以免给消费者带来商品不全的不良印象，但也不能放太多商品，以免使消费者感觉沉闷、压抑。一般来说，商品之间的距离应为 1～3 厘米。

4. 引人注目，富于变化

营销人员在进行商品陈列时，要富有创意，使其能衬托出商品本身的优点，以便引起消费者的注意。例如，某超市将毛巾以蝴蝶样式陈列（见图 7-22），能引人注目，吸引消费者前来选购。此外，营销人员还可根据不同季节、节日、特定事件等，不时调整商品陈列的方式，给消费者以新鲜感。

图 7-22　吸引人的毛巾

（二）商品陈列的方法

1. 分类陈列法

分类陈列法是指把同一类的商品放在一起的陈列方法。这需要营销人员先将商品分成大类，然后再根据不同的标准，对商品进行细分。例如，服饰店的营销人员可先将商品分成服装和鞋两类，再进一步把鞋按板鞋、帆布鞋和皮鞋等不同样式分类。

扫一扫

连锁超市的商品陈列方法

2. 关联陈列法

许多商品在使用上具有相关性，如牙膏和牙刷、网球和网球拍等，消费者在购买时通常会一起购买。对于这类商品，营销人员可采用关联陈列法，即将具有相关性的商品摆放在一起，以激发消费者的潜在购买欲望，促进商品销售。

3. 重点陈列法

很多商店经营的商品种类繁多，要使全部商品都引人注目是非常困难的。为此，可以将重要的商品陈列在商店内最引人注目的位置，这就是重点陈列法。例如，很多服饰店都把店内的新品或具有代表性的商品陈列在橱窗内。

4. 专题陈列法

专题陈列法，又称“主题陈列法”，是指结合某一事件或节日，集中陈列有关商品，以渲染气氛，营造一个特定的环境，促进某些商品的销售的做法。例如，某服饰店集中陈列其与知名设计师合作生产的几款短袖；中秋节期间，超市集中摆放月饼。

5. 季节陈列法

这是指根据季节变化，及时调整陈列商品的做法。例如，服饰店在春天到来之际，把店内陈列的冬装换成春装；在夏天到来之际，把店内陈列的春装换成夏装。这种方法适用于销售季节性较强商品的商店。

6．艺术陈列法

这是指通过多个商品的组合或其他方式，使商品以某种艺术造型陈列的做法。例如，某书店为庆祝中国共产党成立 100 周年，把多本书组合成特殊的字样，如图 7-23 所示。这种方法通常能引起消费者的注意，增加商品的销量。

图 7-23　艺术陈列法

课堂考核

（一）单项选择题

1．大型综合超市不适合选址于（　　）。

A．地铁站附近　　B．公交车站附近

C．居民楼附近　　D．运货便利但较偏远的货运站旁

2．“太白酒楼”的命名运用了（　　）的心理策略。

A．以经营特色或主营商品命名　　B．以经营宗旨或服务精神命名

C．以人名或民间传说命名　　D．以寓意美好的词语命名

3．色彩配置的原则不包括（　　）。

A．色彩配置要统一　　B．考虑消费者的色彩偏好

C．扩大商店的空间感　　D．色彩配置要丰富

4．商品摆放以离地面（　　）高处为宜。

A．0.3～1.0 米　　B．0.6～1.5 米

C．0.8～1.7 米　　D．1.0～1.8 米

5．超市将羽毛球和羽毛球拍摆在一起，是采用了（　　）。

A．分类陈列法　　B．关联陈列法

C．专题陈列法　　D．季节陈列法

（二）判断题

1．商店招牌要与外部环境相协调。（ ）

2．商店橱窗具有激发消费者购买欲望的心理功能。（ ）

3．商店照明只可分为基本照明和特别照明。（ ）

4．商店应多播放流行音乐，以吸引更多的青年消费者。（ ）

5．营销人员应定期对店内进行大扫除，并适时开窗通风。（ ）

（三）简答题

1．商店橱窗设计有哪些心理策略？

2．商店内部装饰主要包含哪些内容？

3．商品陈列应达到什么心理要求？

（四）案例分析题

杨阿姨在街角处开了一家百货店。店里商品品种齐全、质量好且价格公道，但摆放有些混乱，且店铺整体装修一般，因此生意一直不太好。为改善这种状况，杨阿姨重新对店铺进行了装修，并把所有商品分类陈列，有时还在店里播放一些音乐，果然生意大有改善，吸引很多路人进店选购。

思考：这个案例说明哪些因素会对消费者产生影响？是如何影响的？

课后实训

实训目标

了解商店橱窗的心理功能，掌握橱窗设计的心理策略，熟悉橱窗布置的流程，为将来的工作做准备。

任务概述

以小组为单位，选择一家商店，借助电脑软件，共同画一幅橱窗设计图。完成后，各小组派出代表向全班同学展示橱窗设计图，并分享橱窗展示的目的、主题、需要的物品及本组的心得等。

任务分配

全班学生自由组合，每组 3～5 人，各组选出组长并进行任务分工，将小组成员及分工情况填入表 7-1 中。

表 7-1　小组成员及分工情况

班级		组号		指导教师	
小组成员	姓名	学号	任务分工及时间安排		
组长					
组员					

任务准备

（1）熟悉与商店橱窗设计相关的知识。

（2）查找可用的电脑软件并练习其使用方法。

任务实施

按照小组分工情况开展活动，并将具体的实施情况记录在表 7-2 中。

表 7-2　实施情况记录表

时间安排	实施步骤
	1．选择一家商店：
	2．分析商店的位置、橱窗面积大小和目标消费群体等因素
	3．决定橱窗展示的目的和主题
	4．集思广益，形成设计思路

（续表）

时间安排	实施步骤
	5．根据设计思路，进行画图
	6．向全班同学展示橱窗设计图，并进行讲解分享
	7．交流与总结 各组成员就此次活动的情况交流感想，并请老师对本次活动的整体情况做总结性发言

课后评价

各组配合指导老师完成如表 7-3 所示的考核评价表。

表 7-3　考核评价表

考核内容	评价标准	分值	评价得分		
			自评	互评	师评
知识与技能考核（40%）	能够简要阐述商店位置的心理效应	10			
	能够举例说明商店招牌的心理功能	10			
	能够阐明商店橱窗的心理功能和布置流程	10			
	能够简要阐述商品陈列的心理要求，并举例说明商品陈列的方法	10			
过程与方法考核（20%）	课前积极预习本讲的内容	5			
	课中认真听讲，并积极参与课堂互动	10			
	课后主动复习所学知识	5			
实训考核（20%）	能够明确橱窗展示的目的，并选择合适的橱窗主题	5			
	能够画出激发消费者购买欲望的橱窗设计图	15			
综合素养考核（20%）	具备精益求精的精神，能够逐步完善自己的设计成果	10			
	具备换位思考的能力，能够站在他人的角度思考问题	10			
合计		100			
总评	自评（20%）+互评（20%）+师评（60%）=	教师（签名）：			

第八讲

优质服务暖人心

——拉近与消费者的心理距离

课前导读

销售服务是指企业在产品销售过程中为消费者提供的各种服务，如解答消费者的疑惑、安装产品或提供维修服务等。按消费者购物的过程划分，销售服务可分为售前服务、售中服务和售后服务。随着消费者收入水平的提高和消费观念的变化，他们在购买商品时，不仅会注重商品本身的质量、外形与包装等，还越发看重企业所提供的销售服务。销售服务是否完善，已成为企业在市场竞争中成功与否的关键。

本项目深入解读了销售服务与消费心理之间的关系，探讨了售前、售中和售后服务是如何促进消费者的购买行为的，旨在帮助营销人员更好地向消费者提供优质服务。

知识目标

（1）了解售前服务的概念，掌握实体店和网店售前服务的心理策略。

（2）了解售中服务的概念，掌握实体店和网店售中服务的心理策略。

（3）了解售后服务的概念，掌握售后服务的心理策略。

能力目标

（1）能灵活运用售前、售中和售后服务的心理策略。

（2）能根据所学知识，提供让消费者满意的服务。

素质目标

体会“全心全意为人民服务”的精神。

模块一 了解售前服务与消费心理的关系

案例导入

贴心服务

2019年，OPPO公开了自己的服务理念：愿贴心服务成为与用户友谊的起点。对于这样的服务理念，OPPO做出了诠释，“我们并不觉得用户是‘上帝’，而是更希望能和用户做好朋友”。

OPPO的“贴心服务”布局已实现了全场景、全渠道覆盖。在线下，OPPO借助其线下渠道，逐步将线下门店升级为“销售服务一体化”店面，打通售前、售中和售后，通过贴心的一站式服务，使用户“在哪里购买，在哪里维修”，最大程度为用户提供便利。

在线上，围绕用户对服务高便捷性、高时效性、高响应率的需求，OPPO不断优化线上服务入口布局：在官网、微信、微博和头条等渠道，新增在线智能客服端口，提供7×24小时人工服务，及时解答用户咨询，贴心服务永不掉线。同时，针对用户的搜索习惯，OPPO大力推动“用户移动知识库”的搭建。目前OPPO在百度平台已累计创建近40万条专业知识问答，并获得用户近60万个赞。

（资料来源：人民网，有改动）

思考：你认为售前服务重要吗？根据上述这个案例，你认为科技企业还可提供什么样的售前服务？

一、售前服务的概念

售前服务是指产品销售之前企业为消费者提供的各种服务。对于实体店来说，售前服务是指企业在消费者未接触商品之前所提供的一系列服务，如为消费者提供购买建议、接受电话预订等。对于网店来说，售前服务是指消费者下单前，企业所提供的一系列服务，如提供产品搜索服务、咨询服务等。

如何做好售前服务

优质的售前服务能将有关信息迅速、准确、有效地传递给消费者，为消费者提供便利，并使消费者对商品产生兴趣或对企业产生信任感，从而为商品的

成功销售打下基础。

二、实体店售前服务的心理策略

（一）赢得消费者的信任

很多消费者在第一次购买某种商品之前，可能会对商品及其所属企业有一些疑惑，如不确定商品是否适合自己、不确定企业的生产经验是否充足等。对此，企业可通过以下方法，消除消费者的疑惑，赢得他们的信任。

1. 解答相关疑问

企业应主动了解消费者的心理特征，针对其购买商品时可能存在的疑惑提前做好准备，以便能准确地解答消费者的提问，消除消费者的疑虑，赢得其对商品或企业的信任，进而促进其尽快实施购买行为。例如，某品牌吸尘器的包装上印制了使用该商品的步骤演示图，以消除消费者不知如何使用的顾虑；某家电企业营销人员在接听消费者的咨询电话时，详细解答了消费者有关商品价格、与同类商品相比的优势及售后服务等方面的疑问。

2. 提供合理化建议

营销人员可凭借自身的专业知识或丰富的经验，根据消费者的要求，提出有关商品选购的合理化建议，以便消费者更加容易地做出购买决策。例如，某灯具公司营销人员在接听消费者的咨询电话时，根据消费者的预算和其房间面积，建议其购买一款形状好看且节能的灯具。

3. 引导消费理念

企业还可通过向消费者传达新的消费知识，来引导其转变消费观念，最终促使其对产品产生信任感，对企业产生好感。例如，某餐厅广告中含有提示大家适量点餐的信息，向消费者宣传节约意识，并提供小份菜品供消费者选择，获得了很多消费者的青睐。

（二）最大限度地满足消费者的相关需求

不同消费者的需求是不一样的，同一消费者在不同情况下，也会有不同的需求。企业可通过以下方法，最大限度地满足消费者的需求，提升消费者对企业的满意度。

1. 提供种类丰富的产品

企业应努力扩充产品种类，以满足消费者的多样化需求。例如，某食品企业生产纯牛奶、酸奶、冰淇淋和奶酪等多种产品，每种产品又分多种口味，能满足消费者对乳制品的不同需求。

营销案例

求新、求变的百年老字号

天津老美华鞋店（简称“老美华”），始创于1911年，以专门制作传统布鞋、皮便鞋、绣花鞋等特色鞋而闻名于天津的大街小巷，是土生土长的中华老字号企业。

为迎合市场需求，老美华在优化传统鞋类的同时，还研发老年散步鞋、防滑鞋等功能鞋；同时，拓展业务品类，开发出旗袍、定制礼服等产品，不断求新、求变。老美华通过丰富产品种类，不仅满足了消费者的多元化需求，还使自身获得了更好的发展。

2. 设计专用产品

在消费者需求日益个性化的现在，企业还可根据消费者的具体要求，设计符合其需求的专门产品；或根据一部分消费者的特殊需求，设计能被他们使用的产品。例如，某蛋糕店根据消费者的要求，在蛋糕上写一些祝福语或设计样式特别的蛋糕（见图8-1）；某汽车公司专门生产适合残障人士使用的车辆（见图8-2）。

图8-1　样式特别的蛋糕

图8-2　适合残障人士使用的车辆

三、网店售前服务的心理策略

（一）提供产品搜索服务

企业应在其网店上提供产品搜索服务，以便消费者能快速查询到想要了解的商品。例如，消费者在某网购平台上的搜索框里输入“驴打滚”“枣花酥”等关键词后，便能查询到想要购买的食品，如图8-3所示。

产品搜索服务要尽可能完善，尽量保证消费者输入各种与店铺所售商品相关的关键

词，都能查询到对应的商品。此外，网店还可提供拍照搜索服务，让消费者通过上传照片就能查询到想要了解的商品。

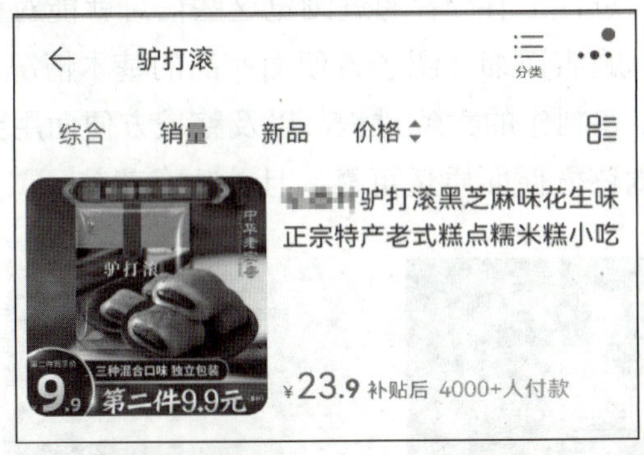

图 8-3　某网店的搜索服务

（二）提供清晰的产品分类

企业在其网店上对产品的分类要尽可能清晰，以便让消费者能通过此项服务快速找到想要了解的商品。例如，某家电企业的网上旗舰店先按厨房电器、生活电器、厨房炊具和大家电把所有产品分成四大类，每一类又按产品的主要用途进行细分，如图 8-4 所示；某珠宝企业的网上旗舰店主要按其产品用途对所有产品进行分类，每一类又按产品的材质进行细分，如图 8-5 所示。

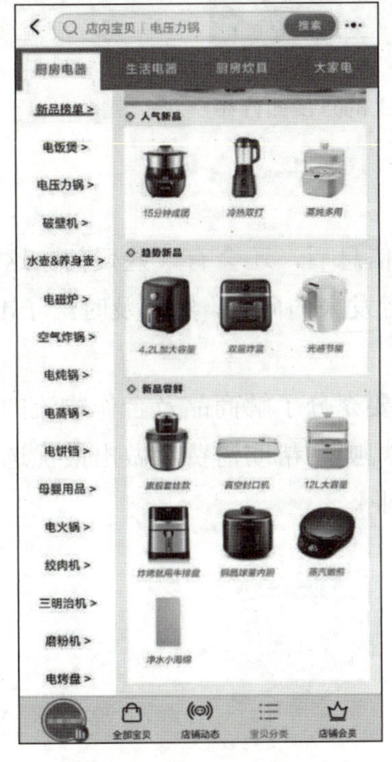

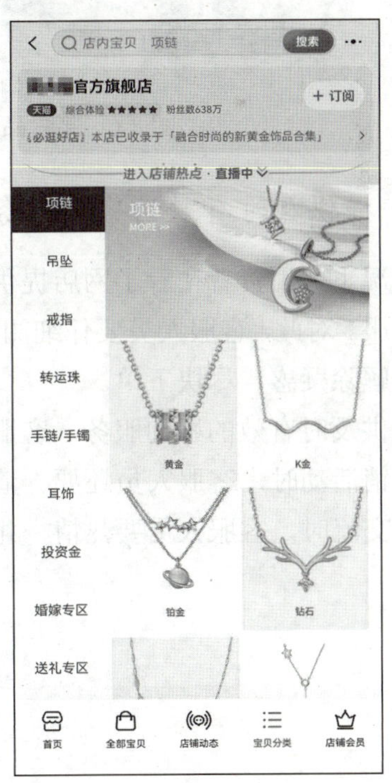

图 8-4　某家电企业网店产品分类　　图 8-5　某珠宝企业网店产品分类

（三）提供详细的产品信息

企业应在其网店上提供尽可能详细的产品信息，让消费者通过浏览这些信息就能对商品有足够的了解。例如，某食品企业在其网上旗舰店详细介绍了方便面产品的基本情况，包括汤料熬制的时间和温度，面饼使用的原材料和制作的大致过程，以及整袋方便面用到的所有原材料（见图 8-6），让消费者看后会感觉该方便面质量可靠，且美味有营养。

图 8-6　某食品企业网店上的方便面介绍

（四）提供及时有效的咨询服务

有些情况下，消费者在看了网店提供的产品信息后，还会有一些疑问。这时，他们便会去咨询客服。对此，客服人员要仔细阅读消费者发来的问题，然后及时给予准确的回复，以便消费者解除疑惑，尽快下单。

想要提供及时有效的咨询服务，客服人员需要充分了解商品及合作物流的相关信息；在店铺有促销活动时，客服人员还要弄清楚活动规则，帮助消费者做出最优选择；同时，在与消费者交流时，客服人员要热情、礼貌且专业。

模块二 熟悉售中服务与消费心理的关系

案例导入

耐心的导购

一位手机经销商说，在他经营的区域里，有几个村子的人，买手机喜欢买OPPO，因为他们觉得OPPO的服务好。

消费者这样的信任是OPPO的一线导购用耐心换来的。米思是OPPO专卖店的一名导购，她有一个独特的客户群体——听障人士。一次偶然的机会，米思遇到了一位听障顾客，由于口头交流困难，米思便拿出纸笔，通过文字和图画来和顾客交流。例如，关于微信怎么用，米思先画一个微信图标，再配文字，最后写下了微信的所有使用步骤，一会儿工夫写满了几张A4纸。写完后，米思又让顾客根据纸上的步骤练习了一遍，确保顾客已掌握微信的用法。随后，米思又通过类似的方法，耐心地向顾客介绍了其他常用手机软件的用法。后来，当地其他很多听障人士也都来这家店找米思买手机，并且只认她，只找她买OPPO。

刘丽萍是另一家OPPO专卖店的导购，她接触的顾客以老年人居多。不管顾客是来买手机还是办其他业务，刘丽萍都会热情接待。当不识字且不会使用智能手机的老年顾客来买手机时，刘丽萍会先教他们接打电话、使用微信等，即使一遍教不会，也不会不耐烦，而是耐心地反复教，直到把他们教会。在这样的服务态度下，刘丽萍为店里赢得了很多回头客。

正是无数个像米思、刘丽萍这样的基层员工用细致、贴心、周到的服务，拉近了品牌与用户之间的距离，搭建出一座让用户和品牌深入沟通的桥梁。

（资料来源：新华网，有改动）

思考：从米思和刘丽萍身上，你学到了什么？你认为作为一名导购，在与顾客交流时，应注意什么？

一、售中服务的概念

售中服务是指企业在产品销售过程中为消费者提供的各种服务。对实体店来说，包括接待消费者、帮助挑选商品、帮助拿取商品和告知售后服务的内容等。它与消费者的实际购买行动相伴随，是促成商品交易成功的核心环节。而对网店来说，售中服务贯穿消费者下单后、确认收货前的整个阶段，包括及时配送服务和订单查询服务等。

如何提升营销能力

二、实体店售中服务的心理策略

（一）热情迎客

营销人员的职业特点决定了其必须具有整洁的衣着、优雅大方的举止和热情礼貌的态度。因此，在工作期间，营销人员应着装规范，保持良好的姿态和积极的精神面貌，以随时准备迎接消费者，给其留下良好的第一印象。有消费者进店时，营销人员应面带微笑，主动与消费者打招呼，向他们表示欢迎，同时了解他们的需求。

特别需要注意的是，面对任何消费者，营销人员都应一视同仁，不能对看起来经济条件较好的消费者热情接待，而对看起来条件一般的消费者态度冷漠，也不能因消费者的态度不好就改变自己的服务态度。

明星营业员马桂宁

马桂宁生前是上海市第一百货商店的明星营业员，多次当选全国劳模和上海市劳模。为了接待好每一个顾客，马桂宁创造了“接一、问二、招呼三”的接待法：当接待第一名顾客时，也抽空询问第二位顾客的要求，并向第三位顾客打招呼，使顾客感到自己是受重视的，进而产生亲近感。

和所有营业员一样，马桂宁也会碰到刁钻的顾客。一次，一位顾客到马桂宁的柜台，毫不客气地用手指一勾，冲着马桂宁就喊：“你给我过来。”柜台里其他营业员都面露不快，唯马桂宁依然心平气和，耐心不减。在这样的服务态度下，买完东西后，那位顾客不好意思地向马桂宁致歉，让他不要见怪。

因为服务好，不少顾客通过一笔小买卖与马桂宁相识后，便与他一见如故，成为回头客，并给他带来更多新顾客。

马桂宁曾说过，服务无止境，千万不要墨守成规，要敢于创新，敢于超越，要创造一套最适合自己的服务技艺。真心真意为顾客服务，不只是个态度问题，更需要建立在科学的基础上，用一流的服务技艺来支持。

（资料来源：新华网，有改动）

（二）介绍、展示商品

在了解了消费者的需求后，营销人员便可向其介绍、展示符合其要求的商品。如果消费者没有明确的需求，营销人员可根据其年龄、性别和穿着等来向其推荐可能激发其购买欲望的商品。

为更好地介绍商品，营销人员应对店内所有商品都有充分的了解，以便消费者提出疑问时，能及时给予解答。例如，鞋店的营销人员应清楚店内每款鞋子的特点、价格、码数及库存等。

在介绍、展示商品时，营销人员要有耐心。若向消费者介绍、展示了多款商品后，还不能使其满意，营销人员应进一步了解消费者的需求，并继续为其介绍、展示其他商品，直到消费者满意。在这一过程中，营销人员一定不能表现出不耐烦的情绪，以免消费者离开。

为尽快帮助消费者找到满意的商品，营销人员还要时刻关注其表情及言语变化。必要时，可及时改变介绍、展示的方法或更换推荐的商品。

真诚服务　专业服务

从某品牌化妆品专柜的售货员，到数年被评为商场的服务明星，再至荣获了“全国劳动模范”的称号，她就是重庆市沙坪商场的龚定玲。

刚接触销售工作时，龚定玲负责的品牌，每个季度都会推出当季主打新品。因为提成可观，同事们都会向顾客强力推荐。但龚定玲从不强推，而是据实给顾客分析皮肤问题，推荐真正适合顾客的产品。

业绩不达标，龚定玲也急。但她说：“用真诚打动顾客，才能让他们真正爱上我们的产品。”果然，后来发现，由龚定玲接待过的顾客，回头率是最高的。

在销售业绩有了起色以后，龚定玲开始思考：除了靠产品的品质和真诚服务取胜，还能用什么方法吸引到顾客？很快，龚定玲有了答案：更专业化的服务。她便利用休息时间通过向专业人士请教，翻阅大量的书籍等方式快速提高业务水平。随着服务的专业化，龚定玲的销售业绩越来越好了。

（三）促成购买行为

在消费者产生购买欲望之后，营销人员可在适当的情况下，对消费者的选择进行真诚的赞许和夸奖，以增强其购买欲望。例如，当消费者在镜子前观看试穿效果时，营销人员可用“您穿上太好看了”“这件衣服太适合您了”等话语对其进行夸奖。营销人员还可通过说明商品的畅销程度、转述其他消费者对商品的良好评价或强调商店的信誉保证等增强消费者的购买信心，促使其实施购买行为。但要注意的是，营销人员不可说谎，更不可对消费者虚意奉承，以免引起消费者的反感。

遇消费者纠结买哪件商品时，营销人员可从消费者的角度出发，结合自己的经验，向其提供有用的建议，帮助消费者买到最合适的商品。

（四）妥善办理成交手续

对于决定购买的消费者，营销人员应妥善为其办理成交手续，使其购买行为尽快完成。该阶段工作的主要内容是包装商品和计价，营销人员在进行这两项工作时应当注意以下几点：

① 包装商品前应对其进行仔细检查，以免将错误的商品或破损、有污渍的商品卖给消费者。

② 包装商品前应主动询问消费者对包装的要求，然后采用符合其要求的包装方法。例如，干果店的营销人员小苏按消费者的要求，将其购买的芒果干分装入两个真空袋。若消费者对包装方法没有特殊要求，营销人员应采用方便其携带的包装方法。

③ 计价时应清楚说明消费者所购商品的价格，并询问其支付方式。若消费者用手机支付或信用卡、银行卡支付，营销人员应快速准备好收款工具；若消费者用现金支付，营销人员收到钱款后，应迅速进行清点，如果需要找零，则要快速准备好零钱，并双手递给消费者，同时嘱咐其点清放好。

（五）礼貌送别

对最终购买商品的消费者，营销人员应热情地向其道谢，并把其送到店外，同时表示欢迎再次光临；对最终未购买商品的消费者，营销人员可建议其有空再来看看，也应微笑将其送到店外，切忌表现出不耐烦、失望或愤怒的情绪。

三、网店售中服务的心理策略

（一）提供及时配送服务

消费者下单后，网店营销人员应关注发货情况。如果相关工作人员在企业规定的时间内未发出货物，营销人员应提醒其尽快发货，且要叮嘱他们仔细核对订单，避免发错货物，并对商品进行合适包装，降低商品在运输途中被损坏的可能性。

如果因订单太多未能及时发货，或消费者购买的是预售商品尚未发货时，面对消费者关于发货时间的询问，营销人员应根据实际情况，及时、如实地给予回复而不能置之不理或谎称已发货。

（二）提供订单跟踪服务

商品发出后，营销人员应及时跟踪网购平台上的物流信息，并及时提醒快递人员更新，以便消费者查看。若商品在运输途中，因某种原因滞留，营销人员应主动联系快递人员，询问具体原因，以便消费者询问时，能及时给予回复。

模块三　熟知售后服务与消费心理的关系

案例导入

以客户为中心　提升服务体系

OPPO 始终将“以客户为中心”这一服务理念融入各项细节中。OPPO 在 2019 年率先升级了“寄修透明化”服务，提升了用户的寄修安全感。这一服务是指用户通过官方线上渠道下单使用寄修服务，不仅可实时查询手机、平板等设备的寄送状态，还能通过订单详情查看设备维修实况照片。

为方便老年人解决日常用机问题，部分区域的 OPPO 客服中心编制了《给父母的手机使用指南》手册，免费提供给有需要的老年用户。

OPPO 还针对一些细分用户的特殊场景需求提供了解决方案。例如，为解决用户在国际出行过程中遇到的问题，OPPO 提供了“国际联保”服务，用户可在全球几十个国家和地区的 OPPO 授权服务中心享受设备的保养、维修和升级服务；针对上班族这一用户群体不好请假的需求，OPPO 提供了“延时服务”，即在正常营业结束时间之后再延长 1～2 小时，并且保证服务质量“不缩水”。

OPPO 非常重视售后服务，他们通过自身的不断优化，逐步提升服务体系，为消费者带来最为贴心的服务体验，让他们在买得放心的同时，也能用得放心，真正赢得了消费者的信任。

（资料来源：新华网，有改动）

思考：你还知道哪些品牌以售后服务著称吗？请举例说明。你认为企业在提供售后服务时，应注意什么？

一、售后服务的概念

售后服务是指企业为已购商品的消费者提供的各种服务，如退换货服务、安装服务等。良好的售后服务能给消费者留下好的印象，增加其对企业的满意度，进而促使其成为回头客。

扫一扫

如何通过服务提升品牌忠诚度

二、售后服务的心理策略

（一）提供退换货服务

消费者在购买商品后，若在退换货期限内发现所购商品有污渍、瑕疵，想更换一件完好的商品，或觉得商品不合适，想换一件其他的商品或选择直接退货，都是合理的要求。

对此，企业应设置合理的退换货期限。网店还应承担退换货运费。此外，在收到消费者的换货申请后，网店应尽快发出新的符合消费者要求的商品，以使消费者能尽早收到满意的商品。

作为营销人员，在消费者退换商品时，一定要积极配合，不能因退换货给自己带来了麻烦或损失，就对消费者态度冷漠，或推诿拒绝。

消费新举措

升级版“后悔药”来了？

一时冲动购物，买完不想要了怎么办？退货无疑是治疗冲动的“后悔药”，线上购物7日无理由退货早已不新鲜，线下购物能否同样方便呢？线下买的商品，在另一个城市同品牌的店里能退换吗？

2020年年初，江苏在全国率先开展线下无理由退货，8.4万余家商户做出7日无理由退货承诺。苏州更是先行一步，由政府出资4 000万元，在全国首创设立“吴优金”，推出“智慧315线上无理由退货平台”。只要符合退货条件的，即可由“吴优金”先行垫付，再由商户向资金池回补，实现了“线下购物线上退，本地消费异地退”。南京的林先生在苏州旅游时，在一家工艺品店买了一只布娃娃，回南京后，因家人不太喜欢娃娃的风格，打算退掉，按照苏州智慧315平台的提示，林先生通过手机很快完成了退货。

2020年5月，线下无理由退换货又有新进展，67家知名企业承诺自愿参与长三角异地异店退换货活动。也就是说，消费者可在企业承诺的期限内，凭消费凭证到企业认可的线下直营店、加盟店、专柜等退换货。

2021年4月，“长三角地区异地异店线下7日无理由退换货”服务承诺企业联盟正式成立，参与长三角异地异店退换货活动的企业增加至82家。

而云南则有新举措，其将退换货的 7 天期限延长到了 30 天，并于 2019 年 5 月 1 日起开始实施。

（资料来源：江苏省广播电视总台官网，有改动）

（二）提供后续的支持服务

企业在商品售出后，为使消费者得到好的使用效果，还应向其提供一系列支持服务，如技术咨询服务、技术培训服务、安装调试服务和维修服务等。例如，家电企业提供免费上门安装服务；服装店提供免费熨烫服务等。

小提示

技术咨询服务是指消费者就商品使用问题咨询企业时，企业相关人员如实回答，帮助其更好地使用商品的支持服务；技术培训服务是指对于需要一定技术才能正确使用的商品（如财务管理软件），企业向购买这些商品的消费者提供技术培训，以增强其使用商品的技术能力的支持服务。

为消费者提供此类服务时，企业一定要安排专业的人员，保证其向消费者传递的知识正确、提供的服务优质，这样才能提高消费者对企业的认可度。

作为营销人员，在售出商品后，如果消费者向自己寻求帮助，即使不在自己的职责范围内，也应尽力帮助消费者解决问题，而不能对其置之不理。

贴心服务获好评

单美芹是某集团的金牌导购员，已在家电销售行业工作 20 多年。在顾客眼中，她是不折不扣的“劳模”，服务十分贴心。

为何单美芹能得到顾客这么高的评价呢？一个很重要的原因是，在工作中，她会把售前、售中和售后的细节工作，全部跟踪到位。举个例子，当顾客反馈家电需要维修时，很多导购员往往是将售后电话直接推给顾客，之后就不管了，但单美芹会把顾客反馈的情况记录下来，自己再去和售后人员沟通，帮助顾客对接处理。

（资料来源：搜狐网，有改动）

（三）不断创新服务方式

除采用以上两个策略，做好基本的售后服务外，企业还应不断创新服务方式，以给消费者提供更好的购物体验。例如，一些化妆品企业在消费者注册成为其会员时，都会记下消费者的生日，在他们生日时为其送上祝福，赠送小礼品或优惠券。

对每位营销人员来说，都应不断提高自己各方面的能力，以向消费者提供更好的服务。例如，小齐是一家服装店的营销人员；她自学了基本的剪裁技能，在有消费者需要时，可免费为他们修改裤腰、裤腿等。

提升自我　真诚服务

周明娟，是杭州解百集团股份有限公司（以下简称“解百”）的一名员工，曾获“全国劳动模范”“全国五一劳动奖章”“全国商业服务业十佳营业员”等众多荣誉称号。

几十年来，她刻苦钻研色彩学、美学和心理学等知识，将女装销售提升为发现美和创造美的工作。此外，她每次和顾客打交道时，都会细心观察，并始终保持着记录顾客档案的习惯。

一有空，周明娟就会一圈一圈地逛商场，看不同品牌商品的设计、面料，自己做一些不同的搭配。以女装为例，解百商厦内有120多个女装品牌，周明娟记得住每个品牌的名字、适合群体、价位甚至每种面料的特性。如果时间允许，她会把每件衣服都试穿一遍，了解衣服的优缺点、最适合的身材，以便在顾客咨询时能在最短的时间内帮顾客找到最合适的衣服。

一次，有位老顾客要去青岛旅游，让周明娟帮她选一件衣服。周明娟了解顾客的需求后，走进一家商店，根据这位顾客的肤色、身材、发色和购买能力等，很快为她挑选了一件衣服。顾客试穿后开心地说：“相信你准没错，你挑选的衣服都是适合我的，穿在我身上真的特别好看。”

为了不断提升自己的专业水平，周明娟在实践中注重经验积累，系统地总结出了一套专业实用的服装销售服务方法——“二四六”全程服务操作法。“二”即“售后服务二原则”，一是售后的问题要优先解决，二是要站在顾客的角度用专业的态度去处理。“四”即“服装销售四法则”，即把服装颜色分为“春、夏、秋、冬”四种，根据顾客的肤色、发色等向其推荐适合的服装。“六”即“色彩搭配六技巧”，为顾客挑选色彩搭配和谐的全套服装。

有一次，一位顾客因买回去的棉麻衣服缩水，前来质问周明娟。周明娟没有多

做辩驳，而是先对顾客耐心讲解了棉麻、丝绸、纤维等面料的缩水率，让其明白棉麻衣服洗后缩水是正常现象，后为没有事先向顾客说明这种情况而向其道歉，让顾客原本愤怒的心情平复了很多。随后，周明娟还向顾客介绍了避免棉麻衣服缩水太多的洗晒方法，重新赢得了顾客的信任。

周明娟曾反复对同事说，不要跟顾客争执，要思考一下为什么他会做出这种反应，然后用专业去说服他。

工作中，她还会根据顾客对商品的意见和自己的想法，对衣服本身的设计向品牌商提建议。这样不仅提升了品牌的质量，促进了商品的销售，也让顾客享受到了交易之外真诚的服务。

（资料来源：央广网，作者孙冰洁，有改动）

课堂考核

（一）单项选择题

1．（　　）产品销售之前企业为消费者提供的各种服务。

A．售前服务　　B．售中服务

C．售后服务　　D．销售服务

2．下列选项中不属于网店售前服务的是（　　）。

A．提供产品搜索服务　　B．提供清晰的产品分类

C．提供及时配送服务　　D．提供详细的产品信息

3．有消费者进店时，营销人员应（　　）。

A．热情接待　　B．列队欢迎

C．不予理睬　　D．继续手头的工作

4．为消费者介绍、展示商品时，营销人员不应（　　）。

A．先了解其需求　　B．优先推荐利润大的商品

C．时刻关注其表情及言语变化　　D．始终保持耐心

5．企业可提供的售后服务不包括（　　）。

A．退换货　　B．技术培训

C．设计专用产品　　D．维修

（二）判断题

1．企业开发新产品并非在为消费者提供服务。（　　）

2．网店提供及时有效的咨询服务是在进行售前服务。（　　）

3．营销人员为消费者办完成交手续后，就可接待其他消费者了。（　　）

4．即使消费者最终没有买任何东西，营销人员也应礼貌送别。（　　）

5．消费者离店后，营销人员就不用再为他们提供服务了。（　　）

（三）简答题

1．实体店售前服务的心理策略有哪些？

2．发货后，网店营销人员还应做些什么？

3．遇到态度不好的消费者时，营销人员应怎样做？

（四）案例分析题

小张是某品牌服装店的营销人员。一天，店里来了一个穿戴普通的女孩，她浏览过店里的所有衣服后，在一件新款连衣裙前面停下脚步。小张便为她做了简单介绍，女孩听后很感兴趣，并表示想试穿一下。小张心想："她买得起这个价位的裙子吗"，便对女孩说："这件裙子 1 299 元，你确定买吗"。女孩听后非常生气，便立刻离开了。

思考：小张的做法合适吗？假如你是小张，你会如何为这位女孩服务？

课后实训

实训目标

掌握售前、售中和售后服务的心理策略，为未来的工作做准备。

任务概述

7～9 名学生组成一组，分别扮演营销人员（2 名）和消费者（多名），并根据以下场景，进行情景模拟。

（1）一位消费者打电话询问某件商品是否有货。

（2）几位消费者陆续走进商店，其中，有一位穿着一般的女士，有一位穿着很讲究的女士，还有一位看起来不太高兴的男士。

（3）一位消费者因商品有瑕疵，来商店换货。

任务分配

全班学生自由组合，每组 7～9 人，各组选出组长并进行任务分工，将小组成员及分工情况填入表 8-1 中。

表 8-1　小组成员及分工情况

班级		组号		指导教师	
小组成员	姓名	学号	任务分工		
组长					
组员					

任务准备

（1）熟悉售前、售中和售后服务的心理策略。

（2）准备所售商品的相关信息，如手机、电脑、衣服、鞋子和化妆品等（可用道具代替）。

任务实施

按照小组分工情况开展活动，并将具体的实施情况记录在表 8-2 中。

表 8-2　实施情况记录表

时间安排	实施步骤
	1. 确定本组销售的商品：
	2. 根据以上三个场景，编写场景对话，并讨论每个角色的仪容和着装（另附纸）
	3. 准备所需物品
	4. 布置模拟场景并排练
	5. 在全班同学面前进行模拟
	6. 小组讨论，总结心得
	7. 各组分别派一名代表对其他组的表现进行点评
	8. 指导教师点评每组的表现并进行活动总结

课后评价

各组配合指导老师完成如表8-3所示的考核评价表。

表8-3 考核评价表

考核内容	评价标准	分值	评价得分		
			自评	互评	师评
知识与技能考核（40%）	能够阐明售前服务的概念，正确使用售前服务的心理策略	10			
	能够阐明售中服务的概念，灵活运用售中服务的心理策略	15			
	能够阐明售后服务的概念，提供让消费者满意的售后服务	15			
过程与方法考核（20%）	课前积极预习本讲的内容	5			
	课中认真听讲，并积极参与课堂互动	10			
	课后主动复习所学知识	5			
实训考核（20%）	模拟真实、可信	15			
	代表点评认真、逻辑清晰	5			
综合素养考核（20%）	具有较强的沟通能力，能够与他人进行有效沟通	10			
	具备服务精神，乐于为他人服务	10			
合计		100			
总评	自评（20%）+互评（20%）+师评（60%）=	教师（签名）：			

进阶篇

第九讲

了解外因，预知趋势

——熟知影响消费心理的社会因素

课前导读

消费者的消费活动，不仅直接受到个人、商品和商家的影响，还会潜移默化地被文化、消费习俗和消费流行等社会因素影响着。对市场营销人员来说，了解这些影响，能更好地预测消费趋势，设计出符合不同地区和民族人们消费心理的产品。

本项目深入解读了文化、消费习俗和消费流行对消费心理的影响，为市场营销人员开拓市场、促进产品销售提供一定帮助。

知识目标

（1）熟悉传统文化影响下的消费心理，掌握相应的营销策略。

（2）了解消费习俗的概念、分类、特点及其对消费者的影响，掌握消费习俗影响下的营销策略。

（3）了解消费流行的概念、分类、特点、周期及其对消费者心理的影响，掌握消费流行影响下的营销策略。

能力目标

（1）能正确看待不同地区和民族人们的消费行为。

（2）能制订并灵活运用符合当前文化、消费习俗及消费流行的营销策略。

素质目标

（1）传承和弘扬优秀传统文化。

（2）增强文化自信。

模块一　了解文化对消费心理的影响

案例导入

礼物经济逐年增长

有数据显示，2018—2020年中国礼物经济产业市场规模从8 000亿元增至10 913亿元，呈逐年递增趋势。预计2022年市场规模可达12 262亿元。那么是什么促使礼物经济产业市场规模逐年增长呢？

首先，近年来，中国居民人均可支配收入和消费支出均保持稳定增长，可支配收入余额从2015年的6 254元增长至2021年的11 028元。居民生活水平与生活品质的提高，产生了更多的消费可能，使礼物经济的发展成为必然。

其次，自古以来，很多中国人都注重家庭且注重礼尚往来，愿意在春节、中秋、七夕等时间节点，为家人、爱人、朋友挑选一份礼物，以表达爱意，增进感情。

最后，精明的商家制造氛围，让并不属于传统节日的时间点有了“特殊意义”，为家人、朋友送一份礼物自然成了水到渠成的事。例如，“520”即是如此，一部分消费者看到身边的人都为心仪的人或另一半送了礼物，自然而然也想为自己心仪的人或另一半送礼物。

（资料来源：中国新闻网，有改动）

思考：你会给身边的人买礼物吗？是什么促使你为他们买礼物？

一、文化概述

（一）文化的概念

文化的概念有广义和狭义之分。广义的文化是指人类在社会历史发展过程中所创造的物质财富和精神财富的总和；狭义的文化是指社会意识形态以及与之相适应的文化制度等，具体包括人们的道德观念、价值观念、生活方式、风俗习惯和行为规范等。本书所指的文化是狭义的文化。

（二）文化的特征

1. 共有性

文化是一定范围内的人们所共同创造的社会性产物，是被这一范围内的大部分成员所共同理解和接受的，因而在一定范围内具有共有性。这种范围可能小到一个家庭，也可能大到整个国家。例如，小李家提倡勤俭节约，全家人买东西时都特别关注商品的价格；很多北方人喜欢囤东西，买东西时喜欢大量购买。

2. 习得性

习得性是指文化可以通过学习得来。实际上，每个人出生时都对文化一无所知，而在成长过程中通过自主学习、学校教育和家庭教育等方式，不断对文化加深了解。另外，不同地区、民族和国家之间也存在着文化的相互学习。例如，近年来，父亲节、母亲节等一些起源于西方国家的节日受到很多国人的认可；越来越多的外国人喜欢过春节、中秋节等我国的一些传统节日。习得性这一特征让文化不断延续与发展。

3. 无形性

文化可能以多种形式呈现，但文化本身是无形的、看不见的，它对人们的影响也是潜移默化的。在大多数情况下，人们往往意识不到文化对自身的影响。

4. 动态性

人类社会处在不断发展和变化的动态过程中，文化也是一样，它作为一种社会意识形态，会随着社会的变化而变化，即具有动态性。例如，人们曾喜欢拎着篮子去购物，后来，为了追求便利，人们购物时转而使用塑料袋；如今，随着人们的环保意识越来越强烈，更多的人开始在购物时自带对环境伤害较小的纸袋、布袋。

5. 差异性

由于地理位置、气候环境和自然资源等方面的差异，不同地区、民族和国家的文化是不一样的，每个地区、民族和国家都有自己独特的风俗习惯、生活方式和伦理道德等。例如，欧洲在夏天很少超过 30 摄氏度，且欧洲人习惯去公园或海滩乘凉，在此影响下，欧洲普遍没有空调。

文化对消费心理有着深刻的影响。特别是中国传统文化源远流长、博大精深，对国人消费心理影响深远。下文主要介绍传统文化影响下的消费心理。

二、传统文化影响下的消费心理

（一）“求同”心理

几千年来，中国人的群体意识一直很强，在很多情况下，都强调以群体为重。自然而然，大部分中国人喜欢将自己归属于某些群体，并竭力遵守群体规范，力求在言行举止上与大家保持一致，避免出风头。

受这种文化的影响，大部分中国人在消费过程中往往表现出明显的“求同”心理，喜欢追随社会上大多数人的消费观念，随大流。例如，在操办婚礼时，出于“求同”心理，人们喜欢采用大多数人所接受的婚礼仪式。

（二）崇尚勤俭节约

勤俭节约是中华民族的传统美德。在这种文化的影响下，中国人以节约为荣，以浪费为耻，在消费过程中表现为不尚奢华，讲究实用，提倡理性消费，量入为出。例如，很多餐厅推出小份菜、半份菜，消费者以“光盘”为荣。

（三）以家庭为主的购买准则

中国传统文化是以家庭为本位的文化，人们普遍把家庭看作是人生的起点和归宿，非常重视家庭、重视亲情。因此，很多中国人的家庭观念、家庭依赖感和家庭责任感都很强。在消费活动中，他们不仅会考虑自己的需要，还会考虑整个家庭的需要。特别是在购买大件商品时，人们往往要和家人商量着做出购买决策。例如，很多消费者买房子时，会拖家带口地一起去看房。

家庭的含义及功能

即使在购买个人使用的商品时，有些人也会考虑家人的想法，希望所购商品能获得他们的认同和支持。例如，小陈在买衣服时，不仅会考虑自己的喜好，还会参考妈妈的意见。

营销案例

“家庭消费”助推实体商业回归

上午带孩子参加商场举办的亲子活动，中午找个饭店吃饭休息，下午逛逛为全家添置些日用品……每到假日，商场里就会出现这样“全家总动员”的情景。如今，实体商场陆续将新零售的定位向提升“家庭体验感”转移并取得了很好的效果。某地一家综合性商场就利用这种消费心理扭亏为盈，打了个“翻身仗”。

开展“家文化”主题活动　吸引“全家出动”

该商场借助自身全品类经营优势，整合商品及促销资源，有针对性地开展“家文化”主题营销活动，同时利用企业品牌及场地资源，打造有看点、有亮点的品牌活动，不断提升顾客参与感。

“孩子参加了童乐汇暑期夏令营，在这里他交到了新朋友，也为我们提供了一个亲子陪伴场，留住更多美好的时光。”消费者陈某说：“我们全家都来了，孩子参加完活动，我们一家人在商场里逛了逛，不但给孩子和老人买了衣服，我还买了套化妆品。一天下来，大家都有收获。”

调整品牌构成　满足家庭全员需求

近年来，该商场还积极进行商场经营模式探索，力求满足家庭化、亲子化差异性客层的购物需求。

为了提高商场的家庭参与度，商场还进行了品牌调整与品类升级，使得从“50后”到“10后”全家庭购物需求均可得到满足。

提升家庭体验感　让实体商业焕发活力

如今，消费者更加关注购物体验感和满意度。为此，该商场将主楼7楼南侧打造成室内主题公园，供家长与孩子们玩耍，共享亲子时光；同时，引进多家童趣商户组成“万花筒隧道”，并增设小童亲子区、亲子卫生间、母婴室和阅读天地等区域，突出“家文化”的经营理念。

（资料来源：新华网，有改动）

（四）注重礼尚往来

中国文化自古“尚礼”，礼尚往来是文化传统，也是表达或增进感情的重要方式。受这种文化的影响，很多中国人非常注重节日赠礼，且对礼品的包装和寓意非常讲究。例如，很多人热衷于在逢年过节时买保健品给父母，或在朋友生日时向其赠送礼物。

三、传统文化影响下的营销策略

（一）融入中国传统文化元素

企业可根据自家产品的特点，在产品设计、宣传等方面，融入中国传统文化元素，以迎合当代很多消费者的消费心理。例如，某玩具公司曾推出“年的故事套装”产品（见图9-1），其以一座白雪衬托下的带有各种传统装饰的中式民居为主体，通过年兽、窗花、对联等传统元素营造了过年的热闹场景，寓教于乐，被很多家长买来作为新年礼物送给孩子。

图9-1　“年的故事套装”产品

文化育人

“虎元素”商品热销　传统文化绽光彩

进入农历虎年后，与虎相关的元素仿佛雨后春笋般冒了出来，实体店里、电商平台上，憨态可掬、威武有力的老虎图案铺天盖地，满眼皆“虎”。“虎元素”带着其蓬勃向上、积极正面的象征意义，成为拉动消费、带动“虎经济”发展的流量密码。

为何与虎相关的商品格外讨喜？这与虎的寓意及其“历史地位”息息相关。生肖中，虎是力量、生机、正义和庄严的象征，也是禳（ráng）灾辟邪的瑞兽。“虎文化”历史悠久，历代文人骚客中多有为虎填词赋诗者，有的一展雄心壮志，有的抒发家国情怀。民间对虎的崇拜更是比比皆是，诗里觅“虎”踪，手中绣“虎”脸，孩子们穿上虎头鞋、戴上虎头帽。此外，“虎”与“福”发音相近，更是寓意美好。

随处见“虎”，是一种对美好的期待，更是对传统文化的发扬与传承。不论是传统节日还是传统元素，都是中华民族的文化瑰宝，是我们引以为傲的文化资本，是我们坚定文化自信的宝贵财富，二者相融相生能让传统文化在新时代绽放光彩。

挖掘“虎元素”背后的传统文化内涵，激发市场消费潜力，多元又新潮的“虎经济”承载万象，这是期许，更是对传统文化的创新表达。

（资料来源：经济日报，有改动）

（二）开发多功能产品

这是指企业应努力开发多功能、多用途产品，以满足消费者及其家庭成员的需求的营销策略。例如，某玩具公司曾推出一款“灯光音乐金桔树”拼插积木套装（见图9-2），因其还具有调节灯光、播放音乐、旋转等功能，所以既可作为儿童玩具，又可作为室内装饰品。

图9-2　拼插积木套装

模块二 熟悉消费习俗对消费心理的影响

案例导入

融合经典，大胆创新

广东人吃早茶的习俗历史悠久，但随着现代人工作和生活方式的改变，现在早茶的茶客以老年人居多。为了吸引更多年轻人，很多广东老字号餐饮企业在保留传统、发掘经典的同时，吸纳各菜系之长，开发出色香味俱全的新派粤菜，备受年轻消费者欢迎。

广州酒家一直走在潮流前线，不断传承经典，如将民国时期的经典粤菜重新搬上饭桌。同时，它还积极创新，如推出影视剧里同款的点心荷花酥（见图 9-3）。这道点心颜值高、味道佳，收获了一众好评，销量十分可观。

陶陶居则对传统的烧卖进行创新，新出的金钱鲍鱼仔烧卖（见图 9-4）不再设烧卖皮，以形似金钱的花菇为底，上头搭配传统肉馅、鱿鱼、虾仁和虫草花，淋上老鸡汤与鲍汁，咸香爽口，十分诱人。

图 9-3 荷花酥

图 9-4 金钱鲍鱼仔烧卖

像这样融合经典、大胆创新的老字号企业还有很多，它们在使自身获得更好发展的同时，也帮助了吃早茶这个习俗更好地传承下去。

（资料来源：南方+，有改动）

思考：结合上述案例，谈一谈消费习俗与企业发展的关系。

一、消费习俗概述

（一）消费习俗的概念

消费习俗是指一个地区或民族的人们在长期的消费活动中所形成的独具特色的消费习惯。例如，春节时，很多中国人喜欢买春联、贴年画。

消费习俗不仅直接影响着人们的消费心理与行为，而且一旦形成就不易变动，可以被后代继承与传续。

（二）消费习俗的分类

不同地区、民族和国家的人们，在长期的经济生活和社会生活中形成了多种多样的消费习俗。总的来看，消费习俗可分为物质生活消费习俗和社会活动消费习俗。

1. 物质生活消费习俗

物质生活消费习俗主要包括饮食习俗、服饰习俗、住宿习俗和日用习俗等。这些习俗或以民族传统为基础形成，如一些少数民族在饮食上有一些禁忌，因此不会购买某些食品；或以地区生活习惯为基础形成，如很多四川人嗜食辛辣，买菜时少不了辣椒；也可以气候、环境等为基础形成，如南方人很少买羽绒服，北方人则买得较多。

2. 社会活动消费习俗

社会活动消费习俗主要包括喜庆性消费习俗、纪念性消费习俗、信仰性消费习俗和社会文化性消费习俗等。

端午节的饮食习俗

喜庆性消费习俗是人们为了表达美好的情感、愿望而形成的，具有某种特定意义的消费习惯。例如，新人结婚会购买糖果馈赠亲朋好友，以分享喜悦；中秋节期间，很多人会购买月饼送给家人、朋友和客户等，以传达合家团圆、生活美满的美好祝愿。

纪念性消费习俗是人们为了表达对某人或某事的纪念之情而形成的某种消费习惯。例如，端午节时，为了纪念爱国诗人屈原，很多人会购买粽子；清明节时，为了祭祀祖先或其他逝者，很多人会购买菊花、果品等祭祀物品。

信仰性消费习俗是因信仰某种宗教而引起的消费习惯，大多与宗教教义、教规和教法等有着直接关联，具有浓厚的宗教色彩，并且具有很强的约束力，如印度教忌食牛肉，信仰印度教的人便不会购买含牛肉的食品。

社会文化性消费习俗是因社会经济、文化发展而形成的消费习俗，是建立在较高文明程度基础上的。例如，参加潍坊国际风筝节的游客购买风筝；看了某部电影的观众购买了电影角色玩偶。

（三）消费习俗的特点

1．长期性

消费习俗是人们在长期的社会生活和实践中，逐渐形成和发展起来的习惯。它一旦形成，便相对稳定，能在较长时期内世代相传，并对人们的消费心理产生潜移默化的影响。例如，冬至吃饺子这个习俗从东汉末年一直流传至今，每年冬至时，很多人都会包饺子或购买现成的饺子。

2．社会性

消费习俗是在众多社会成员的共同参与下形成的，受社会环境、社会形态和社会意识等众多社会因素的影响，具有浓厚的社会特征，也会随着社会的发展而不断发展变化。例如，过去春节时，人们都会买鞭炮、放鞭炮，近几年为了保护环境，减少安全隐患，很多地方禁止放鞭炮，人们改为使用电子鞭炮等。

消费新现象

端午假期消费新亮点

年年端午节，岁岁有新意。从创意无穷的粽子，到融入创新元素的民俗活动，2021年端午消费涌现出了不少新特点。

新口味　新设计　粽子销售同比增长超四成

作为端午消费的主角之一，2021年粽子市场丰富多彩。有的商家深挖传统风味，有的商家则让食材跨界。红枣、豆沙、蛋黄等经典口味的粽子依然是主力军，而螺蛳粉粽子、榴莲粽子则成为年轻消费者的“新宠”。

线下卖得红火，线上更是火爆。综合电商平台的数据显示，2021年粽子销售额相比2020年同期增长超过了40%，销售高峰时，有电商平台一天就能卖出1 000多万个粽子。

线上销售火爆　时令水果受青睐

除了粽子，人们餐桌上的时令水果，花样也越来越丰富。端午节期间正是杨梅和樱桃大量上市的季节，这些时令水果的线上销售十分火爆。

“国潮风”成新风尚　汉服撑起百亿市场

除了享受美食，传统与时尚相碰撞的“国潮风”，也成为端午消费新风尚。来自一家电商平台的数据显示，2021年5月，平台上汉服配饰的成交金额同比增长了接近200%。汉服这个曾经的小众文化正在不断“破圈”，支撑起背后一个高达百亿元的市场。

（资料来源：央视网，有改动）

3. 地域性

消费习俗通常是某一地区的人们社会活动的产物，因而带有独特的地域色彩。这些习俗与当地的生活传统相一致，受当地盛产的农作物、气候等影响较大。例如，内蒙古草原牧民习惯住蒙古包，喝烈性酒；西藏盛产青稞，因此那里的人喜欢吃糌粑（zān bā，青稞炒面），喝青稞酒。

4. 非强制性

消费习俗的形成与流传不是通过强制手段进行的，而是通过无形的社会约束力推动。它能使生活在习俗范围内的消费者自觉或不自觉地遵守习俗，并让他们以此约束自己的消费行为。

二、消费习俗对消费者的影响

（一）消费习俗对消费者心理的影响

1. 使消费心理相对稳定

在消费活动中，受消费习俗的影响，人们会倾向于购买符合消费习俗的商品。而消费习俗不会轻易改变，因而它能促使人们重复性地购买这些商品，形成稳定的消费心理。例如，临近元宵节，人们就会购买元宵，这一消费习俗已存在多年，受其影响，人们的这种消费心理会一直稳定存在。

2. 影响消费者心理的变化速度

消费习俗对消费者心理的变化既可以起促进作用，也可以起阻碍作用。一般来讲，当新商品或新的消费方式与消费习俗具有共同点、相融性时，消费者会乐于接受这种新商品或新的消费方式。例如，近年来，元宵的口味越来越多，但其形状和寓意未变，很多消费者乐意购买新口味的元宵试吃。而当新商品或新的消费方式与消费习俗发生冲突时，受消费习俗的制约，消费者接受这种新商品或新的消费方式的速度较慢。例如，北方人习惯于吃甜粽子，当咸粽子刚进入北方市场时，很多北方人对其味道持怀疑态度，拒绝购买。

（二）消费习俗对消费者购买行为的影响

1. 使购买行为具有普遍性

消费习俗是为某个民族或某些地区的人们普遍认同、接受的消费习惯，而不是个别人的消费习惯，因此受其影响的人们会具有一些普遍性的购买行为。例如，在江浙沪一带，有端午吃“五黄”的传统习俗，即在端午节吃黄鱼、黄鳝、黄瓜、咸蛋和黄酒五种食物。受这一习俗的影响，端午节期间，这一地区购买这五种食物的人也比较多。

2. 使购买行为具有长期性

消费习俗具有长期性的特点，人们受其影响产生的购买行为也会长期存在，不会一两次后就消失。例如，每年清明节前，南方人喜欢购买青团，这种购买行为已存在很多年。

3．使购买行为具有周期性

受一些消费习俗的影响，人们会在某些特定时间对一些商品产生需求，因此他们的一些购买行为具有周期性。例如，一些地区有这样的购买习俗：每逢闰月，儿女应给父母买鞋，以求父母身体健康、平安顺遂。而按农历，每两到三年有一次闰月，因此受这个习俗影响的人们每两到三年会产生一次这种购买行为。

4．使购买行为具有无条件性

人们通常乐于遵循一些消费习俗，以表达对信仰的坚守或寄托一些情感，因而会无条件地进行一些购买行为。例如，每年情人节或七夕，很多消费者都会主动且无条件地为自己爱的人买礼物，以表达爱意，增进彼此之间的感情。

三、消费习俗影响下的营销策略

（一）迎合消费习俗，加强产品创新

企业应根据已有的消费习俗，不断开发新产品或对已有产品进行创新，以满足消费者的需求。例如，企业发明电子鞭炮（见图9-5），让一些禁放烟花爆竹地区的消费者在春节时，仍能享受放鞭炮的快乐。

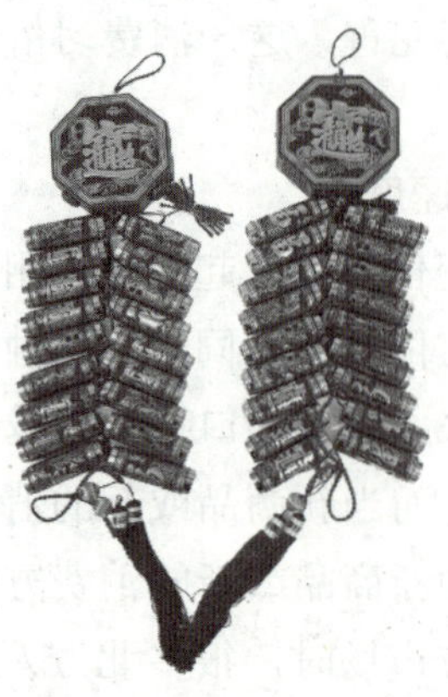

图9-5　电子鞭炮

营销案例

月饼“内卷”玩出新花样

近几年，每逢中秋节，为了让自家月饼在成千上万的月饼中脱颖而出，不少商家可谓想尽了办法。

某品牌曾推出“字典月饼”（见图9-6）。这款月饼包装盒形似一本字典，打开

包装，可见月饼表皮上印着生僻字。若消费者认得这个字，便可向周围人展示自己的学识。若不认识也不要紧，包装盒背面就印有生僻字的读音。这种方式，寓教于乐，让消费者更容易记住这些难念难记的文字，为“中秋”这个团圆的节日增添更多趣味。

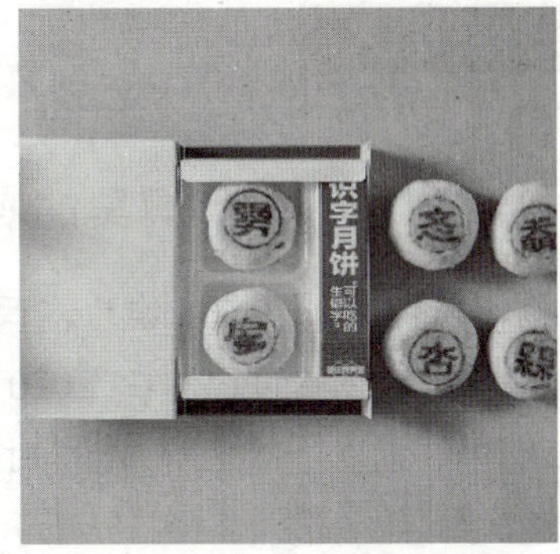

图 9-6　字典月饼

在口味创新上，某品牌推出了陈皮豆沙、蛋黄莲蓉等低糖月饼，以迎合越来越多的消费者对健康的追求。此外，其还推出了含有各个地方地域特色的月饼，如京式宫廷枣泥月饼、蒙古奶月饼、云南鲜花云腿月饼等，并推出了螺蛳粉、酒酿桃花桃山皮等“网红”口味的月饼，大受好评。

（资料来源：澎湃新闻，有改动）

（二）适应习俗变化，调整营销策略

消费习俗虽相对稳定，但随着社会的发展会相应改变，在其影响下，人们的消费行为也会发生一些改变。对此，企业应调整营销策略，适应这种变化，以获得更好的发展。例如，随着互联网经济的兴起，网购年货逐渐成了很多人置办年货的新方式，为适应这种购物方式的变化，一些电商平台和快递公司春节时开启“不打烊”模式。

（三）创造消费习俗，引导消费行为

企业可结合自身特点，通过在一些具有特殊意义的日子里，举办活动、赋予商品新意等方式，创造新的消费习俗，引导消费行为。例如，2009 年，某网购平台在 11 月 11 日举办促销活动，效果甚好，之后每年 11 月 11 日前后该平台都举办促销活动，吸引越来越多的人网购，11 月 11 日逐渐成为全民的“购物节”。

模块三 探究消费流行对消费心理的影响

案例导入

臭臭的螺蛳粉，凭啥火爆全网？

螺蛳粉（见图 9-7）作为广西柳州的一种街头小吃，属于小众和地方区域特色食品，但味道有些臭的它却在 2020 年第一季度，成为购物平台搜索量冠军，一举变为年轻消费群体的“新宠”，是当时整个食品行业最受关注的品类之一。那么，螺蛳粉为何能走红？

图 9-7 螺蛳粉

2012 年，螺蛳粉随纪录片《舌尖上的中国》走入大众视线。之后，柳州政府抓住机会，迅速组织当地生产厂商进行研发，以“方便速食”为目标开发出多种袋装的、口味还原度极高的螺蛳粉，并在此基础之上为螺蛳粉打造多项辅助政策，为螺蛳粉走向全国打下坚实的产品基础，也为螺蛳粉火爆全网形成强有力的助推力量。

从又香又臭的口感争议，到“吃上一口就上瘾”的奇特效应，螺蛳粉迅速成为美食类达人吃播的主要选题。相关话题也是频频上热搜，如“中国人到底有多爱吃螺蛳粉”“某某明星爱吃螺蛳粉”“为了吃螺蛳粉有多拼”“螺蛳粉的英文名”等，这些热搜话题再次为螺蛳粉的火爆形成助推力。

有数据显示，2021 年柳州螺蛳粉全产业链销售收入达到 501.6 亿元，其中袋装柳

州螺蛳粉销售收入达151.97亿元，同比增长38.23%。

（资料来源：大连晚报，有改动）

思考：你吃过螺蛳粉吗？你会购买“网红”商品吗？一种商品的流行会如何影响你的消费行为？

一、消费流行概述

（一）消费流行的概念

消费流行是指在一定时期和范围内，大部分消费者所呈现出相似或相同消费行为的社会现象。其具体表现为众多消费者同时对某种商品或服务产生兴趣，进而使该商品或服务成为被狂热追求的对象（即流行商品）。例如，20世纪50至70年代，中国消费者渴望拥有自行车、缝纫机、手表和收音机这“四大件”；改革开放后，彩电、冰箱、洗衣机和录音机成为新“四大件”。

（二）消费流行的分类

消费流行的分类标准有很多，一般情况下，可以从流行的商品种类、范围和时间进行划分。

1. 按流行的商品种类分类

按照流行的商品种类分类，消费流行主要分为食品消费流行、服饰消费流行和生活用品消费流行。

1）食品消费流行

食品消费流行是因商品本身的某种特殊性质（如新鲜、无污染、味美等）而产生的。例如，20世纪80年代以来，天然无公害的绿色食品因其健康、安全的特性，开始在很多国家流行。食品消费流行具有流行种类多、持续时间长和地域广的特点。

2）服饰消费流行

引起服饰消费流行的，多数不是商品本身的性能，而是商品的附带特性，如服饰的品牌、款式、花色等。这类流行的持续时间一般较短，在流行周期内，流行商品的价格通常比非流行商品的价格要高，但是过了流行期，其价格就会大跌。

3）生活用品消费流行

生活用品消费流行是因商品会给消费者的生活带来巨大便利而产生的。例如，电视机因能使人们足不出户就知天下事而流行；电冰箱因可保鲜或冷冻食品，能为人们节约采购时间而流行。一般情况下，此类消费流行具有流行地域较广、持续时间较长的特点。

2. 按流行的范围分类

根据流行的范围，可以将消费流行分为世界性消费流行、全国性消费流行和地区性消费流行。

1）世界性消费流行

世界性消费流行一般源于人们对世界范围内一些问题的共同关心。例如，世界上大多数人对健康的关心，促使保健品流行。

2）全国性消费流行

这是指在一个国家内多个地区发生的消费流行，其持续的时间长，扩散的速度慢。这类流行通常受一个地区经济发展水平和人们行为习惯的影响和制约，且一般从经济发达地区向不发达地区蔓延发展。例如，手机、电脑在北京、上海等大城市流行之后，才逐渐扩散到其他中小城市。

3）地区性消费流行

地区性消费流行是指在一个地区或一小部分地区发生的消费流行。这类流行在发源地发生后，未进入其他地区或只进入一小部分地区后就消失了。例如，21世纪初，某品牌方便面在本省一些地方流行几年后，就退出了市场。

3．按流行的时间分类

按照流行的时间分类，消费流行可以分为长期消费流行、中期消费流行和短期消费流行。长期消费流行的时间一般为3年以上，其流行商品的种类较多，如大哥大（见图9-8）、万能充（见图9-9）；短期消费流行的时间一般为1个季度至1年，其流行商品的种类较少，但市场反响大；流行时间介于长期消费流行和短期消费流行之间的消费流行则属于中期消费流行。

图9-8　大哥大

图9-9　万能充

（三）消费流行的特点

1．骤发性

消费流行往往体现为消费者对某种商品的需求急剧膨胀，即大批的消费者集中竞相购买某种商品。这种现象往往骤然发生，没有任何前兆，如盲盒的流行。

消费实例

奥运周边成为网络爆款

2021年东京奥运会期间，“发弹幕、顶热搜、淘同款”成为很多中国人“云上”参与奥运的标准“三部曲”。中国健儿刚获奖，很多人就启动打 call 三连：先是发弹幕祝贺，接着进入社交平台顶热搜，然后火速冲进电商平台，扫货同款周边。

射击运动员杨倩在东京奥运会上斩获“双金”，她在两次比赛时佩戴的小黄鸭发卡和胡萝卜发绳（见图 9-10）迅速出圈，成为网络爆款。一家电商商铺，半天就能销出上万件。

图 9-10　小黄鸭发卡和胡萝卜发绳

一家义乌首饰电商的运营负责人说，在“小黄鸭同款发卡”登上某社交平台热搜榜后，他迅速更换了网上店铺封面图，当天就迎来了访客高峰。这一款已经稍显“过气”的陈年旧款发饰，三天之内全店卖出了7万件，超过该商品正常月销量百倍，供不应求。

（资料来源：封面新闻，有改动）

2．短暂性

流行的商品在风行一时之后，便很快消失或不再流行，即为流行的短暂性。例如，翻盖手机（见图 9-11）流行几年后，便不再受到消费者的喜爱。随着社会的发展越来越快，流行商品更新换代的速度也加快了。

图 9-11　翻盖手机

3．梯度性

梯度性是指消费流行往往在某一地区率先发生，然后逐渐向周围地区扩散，即在不同地区形成一种时间上的阶梯性。例如，西装先在沿海城市流行，然后逐渐受到其他地区消费者的喜爱。这使得流行的商品在不同的市场范围内会处于流行周期的不同阶段。

4．回返性

流行的商品会在一段时间内成为消费者偏爱的对象，风靡一时后，逐渐无人问津。然而，在10年、30年或者更久的时间后可能又会重新返回市场，再次流行，即呈现回返性。例如，喇叭裤（见图9-12）在20世纪七八十年代深受很多消费者的青睐，在市场上消失几十年后，如今，又再次流行起来。这种现象通常因消费者受某种外界刺激物影响产生怀旧或复古的情怀而发生。

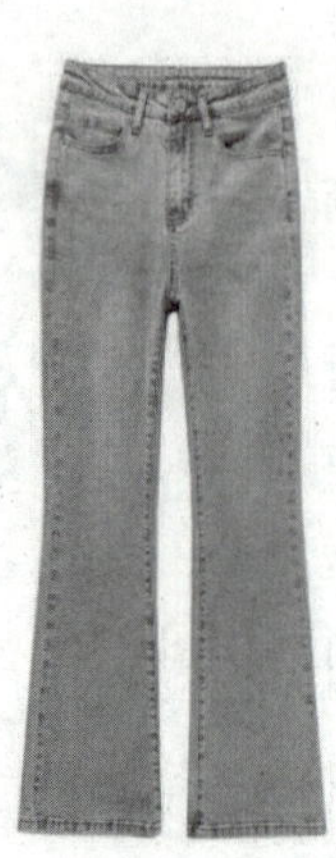

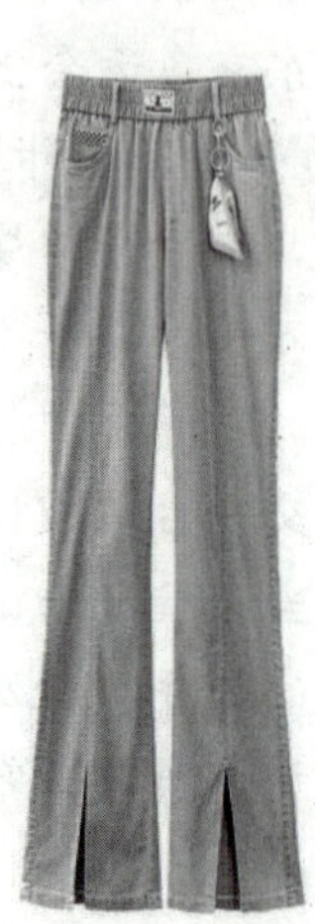

图9-12　喇叭裤

5．变动性

消费流行的变动性表现在两个方面：一是市场上会不断出现新商品，而消费者往往具有求新、求美的心理，因此流行商品本身会不断变化；二是回返的流行商品通常含有符合时代文化的元素，与旧时商品有所不同，如现在流行的喇叭裤与20世纪七八十年代流行的喇叭裤在款式、颜色等方面有所不同。

（四）消费流行的周期

消费流行的发展具有其自身规律性。一般而言，消费流行会经过酝酿期、发展期、高潮期和衰退期四个阶段。

1．酝酿期

酝酿期是指商品进入市场后，只被少数消费者知道的这一阶段。此时，商品由于具有某种特色，往往会先引起具有超前意识消费者的注意，但因这部分消费者人数较少，商品的销量也比较少。

2．发展期

发展期是指商品逐渐被更多消费者知道的阶段。这一时期，受企业宣传的影响，越来越多的消费者开始注意到被宣传的商品，商品的销量提升。

3. 高潮期

高潮期是指商品在市场上广为流行的阶段。此时，大多数消费者都自觉或不自觉地加入到流行商品的消费潮流中，几乎人人都想拥有一件或多件流行商品。

4. 衰退期

衰退期是指大多数消费者逐渐对商品失去兴趣的这一阶段。商品由于已在市场上大量普及，对消费者来说没有了新奇感，而且随着其他商品进入市场，消费者的注意力会发生转移，流行商品的销量会越来越少。

二、消费流行对消费者心理的影响

（一）消费动机的变化

通常情况下，消费者是出于某种生理或心理需要而产生购买动机，进而想要购买某种商品。但面对流行商品，消费者可能不会考虑自己是否真的需要或商品是否适合自己，就加入购买队伍，即仅仅因为商品流行就想购买。例如，有一段时间，某种颜色的口红很流行，晶晶看到很多女性涂上都很好看，且身边好多朋友都买了，便也买了一支。

（二）购买决策机制的变化

一种新商品出现时，消费者由于对其不了解，往往会持怀疑态度。等需要产生时，消费者可能会先对新商品进行了解，消除自己的相关疑惑后，再决定是否购买。而面对流行商品，消费者会因大多数人已经购买使用，就对商品持积极态度，不对其进行了解，就直接购买。

课堂互动

请分享一则你购买流行商品的经历，并分析一下你的购买过程。

三、消费流行影响下的营销策略

（一）预测流行趋势，注重新产品开发

企业要常做市场调查，注意观察消费者需要的变化，准确预测流行趋势，并据此开发新产品，做消费流行的引导者。例如，随着人们的健康意识不断增强，某企业预测能时刻掌握身体变化的电子产品可能会受欢迎，因此开发了智能手表（见图 9-13）。

图 9-13　智能手表

儿童智能手表为何能畅销？

儿童智能手表是一款主打定位导航、信息通讯等功能的智能可穿戴设备，主要面向5～12岁年龄段的儿童群体。最近几年，儿童智能手表市场悄然发酵，市场规模已超过百亿元。那么，是什么让儿童智能手表如此畅销呢？

首先，孩子的安全问题是家长最关心的。不少家长会为孩子买儿童智能手表，是因为儿童智能手表有定位、通话、视频等功能。这让家长和孩子不在一起时，家长可以很方便地联系到孩子，知道孩子的所处位置。此外，对小学生来说，手机影响学习，儿童智能手表自然就成了最好的选择。

其次，基于对消费者需求的深入观察，一些企业认为，市场需求的核心应该是沟通：父母与孩子的沟通，孩子与孩子的沟通。

基于这样的产品打造思路，相关企业在早期普通儿童手表具备的打电话、定位功能之外，加入了"碰一碰加好友""微聊""翻转双摄"等功能，放大了产品自身所带的社交属性，让孩子不只是接受家长关心，更可以通过手表来记录生活、结识朋友。重视儿童消费群体的社交需求，使儿童智能手表一经推出便迅速火热。

（资料来源：人民日报，有改动）

（二）掌握流行周期，适时调价引流行

产品不同生命周期的营销策略

由于消费流行具有周期性，因此企业可在流行的不同阶段，采取合适的定价及调价策略引导消费流行。在流行酝酿期，企业可让产品以高价进入市场，以吸引消费者的注意，强化他们的好奇心理；在流行发展期和高潮期，企业可适当降低产品的价格，促使更多消费者加入购买队伍，使流行速度加快；在流行衰退期，企业可大幅

降价，同时采取多种促销活动，尽快售完所剩产品。例如，很多流行服饰刚进入市场时，价格都要远高于成本价，一段时间后，会打八折或九折等，再过一段时间，会以五折或六折等更低的价格出售。

（三）整合传播媒媒体，加强营销推广

从很大程度上说，一种商品并不能自然成为流行商品，而需要企业利用各种传播媒体，多途径释放商品信息，使越来越多的消费者了解、认识商品，推动商品流行开来。例如，某企业要推出新手机，其会提前告知消费者手机的新特征，强化他们的期待心理；待手机上市时，其会召开发布会，邀请全球媒体进行报道，增加产品的知名度；上市后，其还会在电视、网络等传播媒体上投放多则广告，吸引更多消费者购买。企业通过此类种种手段，最终促进消费流行的生成。

课堂考核

（一）单项选择题

1. 消费者以家庭为主的购买准则是受（　　）影响形成的。

A. 消费习俗　　B. 消费流行

C. 传统文化　　D. 生活习惯

2. 下列选项中不属于消费习俗特点的是（　　）。

A. 长期性　　B. 短暂性

C. 社会性　　D. 地域性

3. 消费习俗使消费者的购买行为具有（　　）。

A. 普遍性　　B. 盲目性

C. 短暂性　　D. 社会性

4. 空调的流行属于（　　）。

A. 食品消费流行　　B. 服饰消费流行

C. 生活用品消费流行　　D. 学习用品消费流行

5. BB 机在我国流行二十多年后便退出市场，说明消费流行具有（　　）。

A. 骤发性　　B. 短暂性

C. 梯度性　　D. 回返性

（二）判断题

1. 文化包括人们的道德观念、价值观念、生活方式和行为规范等。（　　）

2. 朋友之间互赠礼物是受传统文化影响的表现。（　　）

3. 消费习俗不会影响消费者接受新商品的速度。（　　）

4．消费者购买流行商品时，不会考虑自己是否真的需要。（　）

5．企业可通过某种方式使一种商品成为流行商品。（　）

（三）简答题

1．文化有哪些特征？

2．什么是消费习俗？

3．消费流行影响下企业的营销策略有哪些？

（四）案例分析题

离农历春节还有一个多月，各家酒店年夜饭的预订电话就开始响个不停。为了让顾客感受过年的喜庆气息，各家酒店在传统文化上做足了文章。

悦来酒店在大门两侧贴着红底金字的春联，在大堂内悬挂着形态各异的中国结；鸿福酒店在大堂正中央悬挂着一个大红色“春”字，“春”字四周环绕着几只大红灯笼；银都酒店在大堂的喷水池中养了一群金色鲤鱼，喷水池四周还插满了银柳……

除此之外，各家酒店还给年夜饭的每一道菜都起了一个寓意很好的名字，如“吉祥如意”“新春同乐”“年年有余”“生财有道”“步步高升”等，只为消费者能吃得开开心心。

思考：上述案例中的各大酒店采取的是什么样的营销策略？为什么他们要这么做？

课后实训

实训目标

充分了解文化、消费习俗及消费流行对消费心理的影响，并掌握相应的营销策略。

任务概述

以小组为单位，分别调查今年北京、上海、广东这三个地区最受欢迎的传统口味月饼和新口味月饼，并分析其畅销的原因。调查完成后，各小组派出代表，以PPT的形式向全班同学分享本次调查的主要内容及本组的心得。

任务分配

全班学生自由组合，每组6～8人，各组选出组长并进行任务分工，将小组成员及分工情况填入表9-1中。

表 9-1 小组成员及分工情况

<table>
<tr><td>班级</td><td></td><td>组号</td><td></td><td>指导教师</td><td></td></tr>
<tr><td>小组成员</td><td>姓名</td><td>学号</td><td colspan="3">任务分工</td></tr>
<tr><td>组长</td><td></td><td></td><td colspan="3"></td></tr>
<tr><td rowspan="7">组员</td><td></td><td></td><td colspan="3"></td></tr>
<tr><td></td><td></td><td colspan="3"></td></tr>
<tr><td></td><td></td><td colspan="3"></td></tr>
<tr><td></td><td></td><td colspan="3"></td></tr>
<tr><td></td><td></td><td colspan="3"></td></tr>
<tr><td></td><td></td><td colspan="3"></td></tr>
<tr><td></td><td></td><td colspan="3"></td></tr>
</table>

任务准备

（1）熟悉与文化、消费习俗和消费流行相关的知识。

（2）掌握不同的调查方法。

任务实施

按照小组分工情况开展活动，并将具体的实施情况记录在表 9-2 中。

表 9-2 实施情况记录表

时间安排	实施步骤
	1．抽签决定本组负责调查的地区。本组负责的地区为：
	2．调查今年所负责地区最受欢迎的传统口味月饼，分别是 （1）________ （2）________ （3）________
	3．调查今年所负责地区最受欢迎的新口味月饼，分别是 （1）________ （2）________ （3）________

（续表）

时间安排	实施步骤
	4．分析最受欢迎的传统口味月饼为什么受到该地区消费者的喜爱，并思考以下问题 （1）传统文化对消费者产生了什么样的影响？ （2）当地消费习俗对消费者产生了什么样的影响？
	5．从以下几个方面，分析新口味月饼流行的原因，并思考以下问题 （1）商家采取了哪些营销策略？ （2）消费流行对消费者产生了什么样的影响？
	6．小组讨论，总结心得
	7．制作 PPT
	8．在全班同学面前进行讲解分享

课后实训

各组配合指导老师完成如表 9-3 所示的考核评价表。

表 9-3　考核评价表

考核内容	评价标准	分值	评价得分		
			自评	互评	师评
知识与技能考核（40%）	能够简要阐述传统文化影响下的消费心理	10			
	能够举例说明消费习俗对消费者心理及购买行为的影响	10			
	能够阐明消费流行对消费者心理的影响	10			
	能够运用所学的心理策略，解决实际营销问题	10			
过程与方法考核（20%）	课前积极预习本讲的内容	5			
	课中认真听讲，并积极参与课堂互动	10			
	课后主动复习所学知识	5			
实训考核（20%）	能够合理分析最受欢迎的老口味月饼和新口味月饼分别受到所负责地区消费者喜爱的原因	15			
	讲解口齿清晰、仪态大方	5			
综合素养考核（20%）	具备强烈的民族自豪感，积极弘扬并传承中华优秀传统文化	10			
	具备终身学习的精神，能够适应社会变化	10			
合计		100			
总评	自评（20%）+互评（20%）+师评（60%）=	教师（签名）：			

第十讲

发现新机，把握未来

——探索消费者心理的新兴领域

课前导读

随着社会经济的发展，新产品不断涌现，新潮流不断兴起，人们的消费心理也随之不断变化。了解消费领域的新现象，从中发现消费者的新需求，有利于企业发现新的机遇，获得更好、更长远的发展。

本项目探讨了消费者的体验心理、绿色消费心理和资源稀缺情景下的消费心理，这些知识对企业开发新产品、新服务，进而引领市场有积极的促进作用。

知识目标

（1）了解消费者体验心理的特点和体验行为的分类，掌握体验营销实施策略。

（2）了解影响绿色消费心理的因素，掌握绿色营销实施策略。

（3）了解资源稀缺对消费者心理的影响，掌握资源稀缺情景下的营销策略。

能力目标

（1）能正确看待消费领域的新现象。

（2）能灵活运用所学的营销策略。

素质目标

（1）不断创新，为消费者提供新产品、新服务。

（2）提升环保意识，践行绿色消费。

模块一　重视消费者的体验心理

案例导入

沉浸式艺术体验

近几年来，参与感强和互动性高的沉浸式艺术体验正在被广泛运用于商业广场、艺术空间、酒店等场景中。不少美术馆利用这种新的科技手段，为观众带来新体验。

2021 年暑假期间，北京今日美术馆的“一个世界”儿童沉浸式互动科技展吸引大量家长和孩子们纷纷前去“打卡”。该展览将当下最流行的 VR 虚拟现实技术、AR 技术、交互装置与展览教育内容紧密结合，带给现场观众震撼绚丽的光影交互体验，为孩子们创造了一个属于自己的“梦想绘成真”时刻。

浙江美术馆的“星驰潮涌——庆祝中国共产党 100 周年艺术特展”同样采用了科技手段，策划沉浸式展厅，使得展览颇具吸引力。在全封闭的黑色展厅里，投影将原本空无一物的房间变作星点、鲜花和浪潮的海洋，在观众的触碰之下，每一颗星、每一朵花中都会绽放出线索人物的姓名，花海、星空等与文字共同构建了一个以艺术手法叙述历史的绚烂世界。

与传统美术展览用图片和文字布展的形式相比，这种采用多种新科技手段的展览往往更具观赏性、互动性和便捷性，因此备受年轻人和亲子家庭的青睐。

（资料来源：中国文化报，有改动）

思考：你有过沉浸式艺术体验的经历吗？说一说为什么沉浸式艺术体验会被广泛应用？

一、消费体验的含义

体验是指个体对一些刺激所产生的内在反应，大多来自个体直接观看或参与某事件，其结果可表现为个体对接收到的刺激产生喜欢、讨厌等情绪。消费体验是指一个人在购买、使用商品或享受服务时所产生的感受或认识，属于体验的一种。例如，小齐去买车时，营销人员在做了一些简单介绍后，就让他去亲身试驾，小齐通过试驾更好地体会到了这辆车的优点，感到很满意。

二、消费者体验心理的特点

（一）注重接触商品时的感受

在消费过程中，消费者非常注重接触商品时所产生的感受。这种感受不论是好还是坏，都能帮助消费者做购买决策。例如，丽丽每次都会在实体店试用护肤品后，再决定是否购买，因为她认为试用后的感受能帮她判断商品是否适合自己。

（二）对商品的情感需求增加

随着物质生活水平的提高，人们对精神文化生活的需求也日益增长。反映在消费过程中，就是消费者不仅关注商品的基本功能，还注重其附属功能，希望其能满足自己某方面的情感需求。例如，小杜中秋节去外面吃饭时，不仅希望饭菜可口，还希望其有家乡的味道，能缓解自己的思乡之情，因此选择了一家以自己家乡菜为特色的餐厅。

三、消费者体验行为的分类

根据消费者的参与程度，以及体验与环境的相关度，消费者体验行为可分为娱乐的体验、教育的体验、逃避现实的体验和审美的体验。

（一）娱乐的体验

娱乐的体验是指消费者能够在消费过程中获得轻松愉快的感受。这是最古老的消费体验之一，也是当今社会最普遍、最常见的消费体验。设计某种独特的娱乐活动，为消费者带来娱乐的体验，已成为很多企业吸引消费者的一种常用手段。例如，某商场营销人员邀请杂技团在商场开业当天表演节目，吸引了许多消费者。

网购平台创新娱乐营销　为消费注入新活力

近年来，越来越多的平台开始在娱乐化领域进行尝试，以提升用户体验。某网购平台将娱乐化营销模式列入平台发展战略，通过“赛事+榜单”的创新形式聚焦乡村振兴、国潮文化、全民健身和中国品牌等美好生活正能量主题，从年轻人“爱玩”的心态出发，掀起全民“晒出美好生活，赛出精彩人生”的热潮。

该网购平台致力于让商家和消费者“娱乐卖、娱乐买、分享乐”，并开展了一系列包括趣味直播、趣味视频互动在内的玩法，同时将真选低价、快送准时达等行业高标准服务贯穿始终。

在2021年“双12”狂欢节期间，该网购平台围绕吃、美、乐、家四个方面，为年轻一代设置了食赛事、美丽赛事、玩家赛事和全家赛事等多种挑战。这些赛事不仅吸引了很多年轻人参与，还孵化了不少爆款歌舞、“网红”美食。此外，该网购平台将“心愿”作为核心沟通主题，推出“吃货心愿”“美丽心愿”“欢乐心愿”“全家心愿”四大心愿榜单，涉及美食、美妆、潮玩和家居等生活中的各个场景。

在直播领域，该网购平台选择娱乐化、心愿化的直播形式，让直播仿佛一场综艺节目，充满了体验感和趣味性，兼顾泛娱乐内容和产品消费，让用户参与感更强。

该网购平台一方面围绕用户心理需求的升级，用趣味的形式带来最直接的优惠和良好的购物体验，实现平台的“陪伴价值”；另一方面，伴随着乡村振兴和消费升级的同步和交融，其正在借助沉浸式、充满仪式感的消费模式，更好地激发消费者的潜在消费需求，形成厂商、平台、消费者之间的良性循环。

（资料来源：中国网，有改动）

（二）教育的体验

教育的体验能让消费者在消费过程中获得知识。消费者通常会为了获得某些知识、技能而积极主动地参与企业举办的一些活动。企业举办这类活动，不仅能让消费者受益，还能增进消费者对其产品的了解，进而激发他们的购买欲望。例如，某保险公司开展消费者权益保护知识讲座，吸引了很多消费者参加，听完讲座后许多消费者了解到可通过保险保障自己的权益，纷纷购买该公司保险。

（三）逃避现实的体验

逃避现实的体验是指消费者能够在消费过程中忘却自身所处的现实环境，沉浸在一种虚拟的氛围里，获得身临其境的感受。因消费者在现实中无法得到这种感受，所以他们会积极主动地参与能带给自己这种感受的活动。例如，迪士尼乐园在世界上很多地方都很受欢迎，便是因为其打造了一个童话般的世界，能让消费者短暂逃避现实。

（四）审美的体验

审美的体验是指消费者能够在消费过程中获得美的享受。例如，黄山（见图10-1）、九寨沟（见图10-2）等自然风景，能让消费者感受大自然的美；美术馆中的艺术作品，能带给消费者美的体验。

图 10-1　黄山一景

图 10-2　九寨沟一景

四、体验营销

（一）体验营销的含义

体验营销是指企业以让消费者观摩、倾听、试用等方式，使消费者亲身感受企业所提供的产品或服务，进而激发其购买欲望的营销方式。采用这种营销方式时，企业不把体验当作一种无形的、可有可无的东西，而是将其作为一种有别于产品和服务的真实的经济提供物，并试图通过带给消费者好的体验来盈利。

小提示

经济提供物指能够参与到买卖交易过程之中的，并且能够创造经济价值的事物。

（二）体验营销实施策略

体验营销

1. 将体验融入产品之中

将体验融入产品之中要求企业在设计产品时，就应考虑到希望通过产品带给消费者什么样的感受。这意味着企业不仅要关注产品的基本属性，还要重视产品的附加属性，使产品在发挥基本功能的同时，还能带给消费者愉悦的感受。例如，很多通信科技公司在不断增加手机功能的同时，还逐步改善手机的外观，使其颜色、形状符合目标消费者的审美。

2. 将体验添加到服务之中

将体验添加到服务之中要求营销人员在向消费者提供服务时，首先应思考服务可能带给消费者什么样的感受。因不同消费者喜欢不同的服务方式，所以营销人员应根据消费者的类型，选择恰当的服务方式，并在服务过程中，时刻关注消费者的反映，然后据此灵活调整，以使消费者满意。例如，某中医按摩师在为消费者服务时，通过询问他们的感受和时刻关注他们的反馈，及时调整力度和手法，获得了消费者的一致好评。

营销案例

家装新体验

某家居装饰集团在其新零售门店通过数字化 VR 设计、沉浸式施工体验等，带给消费者更好的家装体验，收到了良好的效果。

其零售门店进门处就设置了数字化体验区，消费者可用裸眼 VR 进行全屋 3D 漫游，真实观看不同户型、不同设计风格，还可以亲自参与设计，并有数字化系统即时报价。通常在装修过程中，有很多隐蔽工程难以呈现给消费者，该零售门店针对这一问题，专门设置了“超放心工艺展示区”，消费者可看到每一条水电路线的规划及施工标准，这大大提升了消费者的“安全感”。

此外，该家居装饰集团为使消费者放心，还借助技术手段，使整装施工由 SASS 系统全程管控，消费者可每天看到自己家施工的情况，并可与施工管理人员在线互动。

这样的互动体验，增加了消费者对企业的信任度，使家装变得更加透明，让消费者能够获得更好的服务体验。

（资料来源：新京报，有改动）

3．开创新的体验业务

这是指企业以希望带给消费者的感受为基础，开创行业内史无前例的体验业务，以使消费者有全新体验的营销策略。虽然体验业务的开展离不开产品或服务，但在体验业务中体验才是企业真正要出售的东西。例如，某手工作坊提供材料、工具等，让消费者可以在指导人员的带领下，自己制作口红、香皂等产品。

4．将体验蕴含在营销传播之中

这是指企业在为产品做宣传时，可通过创设情景、激发情感等方式，引发消费者的共鸣，进而使其对产品产生购买欲望的营销策略。例如，某智能家电的广告以普通人的一天为主题，将产品为消费者带来的便利融入其中，反映了普通人生活的不易，能让很多人看后产生共鸣。如今，在同类产品竞争日益激烈的情况下，这种融入情感，能使消费者产生代入感的体验式宣传方式更能引起消费者的注意，加深他们对产品的印象。

模块二 积极倡导绿色消费

案例导入

绿色消费成为生活新风尚

买车青睐新能源汽车，外出就餐点小份菜、尽量不使用一次性餐具，使用节能灯泡、节水马桶等家居用品……如今，人们越来越推崇环保、低碳、健康、安全的消费理念，绿色消费正成为生活新风尚。

选择绿色食品，吃得更放心

春节前夕，江西贵溪市居民小方在超市里选购年货，一款标有“中国有机产品”的大米吸引了她的注意，在认真检查标识和防伪涂层后，她一口气购买了5袋。“家里有宝宝，所以我格外注重食品的品质，买东西的时候，除了看生产日期，还要看‘三品一标’，这样才吃得放心。”小方说。

2021年1月，商务部发布《关于推动电子商务企业绿色发展工作的通知》，要求各地区积极发掘当地绿色优质农产品，主动对接电商平台，拓宽绿色农产品，尤其是“三品一标”认证农产品的网上销售渠道。“三品”是指无公害农产品、绿色食品、有机食品（农产品），“一标”是指农产品地理标志。对此，各类企业纷纷响应。

购买“绿色衣物”，穿得更舒服

浙江瑞安市的年轻妈妈小叶为儿子精挑细选买了一件毛衫。她说，这款毛衫使用了一种新型的环保再生PET面料，每吨成品可以节约6吨石油，毛衫采用的纺前染色方式，还能减少后续染色工艺环节的污染。

“再生”“循环”“环境友好”等元素已成为许多年轻人日常选购衣物的重要参考。在某电商平台上，一款鞋面由100%可回收聚酯纤维做成的帆布鞋，上市后不久就售罄了。

使用节能汽车家电，用得更实惠

春节期间，趁着有促销活动，家住江西南昌市的小舒购买了一辆新能源汽车。起初，她担心充电和续航的问题，通过反复咨询、多次试车，她发现电动汽车的技术已经很成熟，可在自家停车位安充电桩，还能领不少购置补贴。“花个二十来块钱就能充满电，续航里程可达500多千米，经济实惠、环保节能、外观时尚，这车买得真值！”小舒说。

2020 年，我国延长新能源汽车补贴政策，开展新能源汽车下乡活动，新能源汽车销量比上年增长 10.9%。不只是汽车，标有能效标识的洗衣机、冰箱和热水器等家电产品也颇受消费者欢迎。电商平台发布的统计数据显示，2020 年平台上节能类大家电的消费人群、消费金额同比增长 35%、41%；节水类大家电的消费人群、消费金额同比增长 115%、89%。

当下，绿色消费已经成为一股蓬勃兴起的潮流，消费品类除了覆盖食品、衣帽鞋服、美妆个护和家电等实物领域，在出行、物流、包装等服务领域也加速渗透。这既促进了相关产品和服务的更新换代，又推动了消费升级。

（资料来源：人民日报，有改动）

思考：你购买过绿色商品吗？说一说是什么促进或阻碍了你购买绿色商品？

一、绿色消费的含义

绿色消费，也称“可持续消费”，是指一种以适度节制消费，避免或者减少对环境的破坏，崇尚自然和保护生态等为特征的新型消费行为。其概念有三层含义：一是倡导消费者在消费时选择未被污染或者有助于公众健康的绿色商品；二是在消费过程中注重对垃圾的处置，不造成环境污染；三是引导消费者转变消费观念，使其崇尚自然、追求健康，在追求生活舒适的同时，注重保护环境、节约资源和能源，以实现可持续消费。

扫一扫

生活中的绿色消费

国际上一些环保专家将绿色消费概括为 5R，即“节约资源，减少污染”（reduce），“绿色生活，环保选购”（reevaluate），“重复使用，多次利用”（reuse），“分类回收，循环再生”（recycle），“保护自然，万物共存”（rescue）。

绿色消费在满足人类的基本需求、提高人们生活质量的同时，使自然资源的消耗最少，消费过程中产生的废弃物和污染物最少，从而使消费的结果不至于危及人类后代的需求。

消费新举措

全面促进重点领域消费绿色转型

2022 年 2 月 21 日，国家发展改革委等七部门印发《促进绿色消费实施方案》（以下简称《方案》），要求大力发展绿色消费。

《方案》指出，近年来，我国促进绿色消费工作取得积极进展，绿色消费理念逐步普及，但绿色消费需求仍待激发和释放，一些领域依然存在浪费和不合理消费，促进绿色消费长效机制尚需完善，绿色消费对经济高质量发展的支撑作用有待进一步提升。

《方案》强调，要大力发展绿色消费，增强全民节约意识，反对奢侈浪费和过度消费，扩大绿色低碳产品供给和消费，完善有利于促进绿色消费的制度政策体系和体制机制，推进消费结构绿色转型升级，加快形成简约适度、绿色低碳、文明健康的生活方式和消费模式，为推动高质量发展和创造高品质生活提供重要支撑。

在全面促进重点领域消费绿色转型方面，《方案》要求，要加快提升食品消费绿色化水平，鼓励推行绿色衣着消费，积极推广绿色居住消费，大力发展绿色交通消费，全面促进绿色用品消费，有序引导文化和旅游领域绿色消费，进一步激发全社会绿色电力消费潜力，大力推进公共机构消费绿色转型。

在强化绿色消费科技和服务支撑方面，《方案》要求，要强化绿色消费科技和服务支撑，推广应用先进绿色低碳技术，推动产供销全链条衔接畅通，加快发展绿色物流配送，拓宽闲置资源共享利用和二手交易渠道，构建废旧物资循环利用体系。

（资料来源：中国新闻网，有改动）

二、影响绿色消费心理的因素

（一）社会因素

1. 绿色文化

作为一种文化现象，绿色文化与强调环保、注重生态、珍视生命等价值取向密切相关，以绿色行为为表征，体现为人与自然共生共荣共发展的生活方式、行为规范、思维方式及价值观念。

和其他消费心理一样，绿色消费心理会受到社会文化因素，尤其是绿色文化的影响。一般来说，一个社会越注重环保，绿色文化越深入人心，其群体成员的绿色消费心理就越成熟。例如，近年来，我国非常注重环境保护，广泛宣传环保知识，在这种大环境下，很多个体开始有保护环境的意识，逐步有了绿色消费心理。

对此，企业应对所处大环境的绿色文化有足够的了解，并顺应趋势，在产品的设计、生产、制作等各方面体现对环境的保护，迎合消费者的绿色消费心理。

2. 参照群体

很多情况下，一个人在消费过程中，会或多或少受到参照群体内成员的影响。那么，当参照群体内的大部分成员或影响力大的成员崇尚绿色、崇尚自然、崇尚环保，具有较强的绿色消费意识时，消费者也会注意自己的消费行为是否环保，并据此做出改变。例如，露露的室友都有很强的环保意识，去超市购物时都自带购物袋，受她们的影响，露露觉得自己每次去超市都买购物袋的做法不环保，也自带购物袋了。

对此，企业可邀请知名的环保形象大使、环保意识较强的明星等来为产品代言，以吸引目标消费者。

（二）消费者个人因素

当一个人具有较强的环保意识时，他的绿色消费意识通常也相对较强，在消费过程中，其往往倾向于购买绿色商品。此外，他还会注意自身消费行为的其他方面，努力减少自己对环境造成的伤害。例如，青青是一名环保主义者，她几乎没买过一次性商品。而当一个人缺乏环保意识时，他在消费过程中，很可能不会在意自己的消费行为会对环境造成什么影响。

三、绿色营销

（一）绿色营销的含义

绿色营销是指企业以环境保护为经营指导思想，以绿色文化为价值观念，以消费者的绿色消费为中心和出发点的营销观念、营销方式和营销策略。它要求企业在生产经营过程中，将自身利益、消费者利益和环境保护利益三者统一起来，以此为中心，对产品和服务进行构思、设计、制造和销售。

（二）绿色营销实施策略

1. 生产绿色产品

企业实施绿色营销通常需要以绿色产品为载体，来满足消费者对健康、环保等方面的绿色需求。所谓绿色产品是指生产、使用及处理过程符合环境保护要求，对环境无害或危害极小，有利于资源再生和回收利用的产品，如手工制作的食品。这种绿色产品与传统同类产品相比，至少具有下列特征。

- 产品的核心功能既要能满足消费者的传统需求，符合相应的技术和质量标准，还要满足对社会、自然环境和人类身心健康有利的绿色需求，符合有关环保和安全卫生的标准。
- 产品的包装应减少对资源的消耗，包装的废弃物和报废后的产品应易于回收再用，易于自然降解。

想要生产合格的绿色产品，企业需要从设计理念、原材料的选购、制造过程等方面层层把关，尽可能减少对环境的污染。

营销案例

蓝月亮持续为消费者打造绿色产品

广州蓝月亮实业有限公司（以下简称“蓝月亮”）成立于1992年，是一家提供家庭清洁产品的民族企业。其旗下22款产品通过了中国绿色认证，并获得中国绿色产品认证证书。蓝月亮是行业内首批获得该项认证的企业。

蓝月亮高度重视产品的环保性能。目前，蓝月亮主要洗衣液类产品通过了中国节水产品认证，90%以上的产品通过了中国环境标志认证。

从源头减少外包装消耗是蓝月亮在产品研发方面的一大特色。蓝月亮通过积极推广替换装，降低包装材料用量，主动培育消费者的环保意识。此外，蓝月亮注重包装材料的轻量化、绿色化，并与供应商协同，通过优化包装材料的效能，来减少其用量。

在绿色生产方面，蓝月亮秉承“源头预防，全程控制”的环境管理体系方针，在各环节始终坚持工厂集约化、原材料无害化、生产清洁化、废物资源化及能源低碳化。在工艺设备上，蓝月亮采用先进清洁生产工艺，选用高效、低能耗设备，引入自动化技术；在节能降耗上，持续推进节能技改项目，优化生产管理，在提升生产效率和产品质量的同时，不断加强资源循环利用，减少污染物的排放。

蓝月亮表示，未来将继续发挥“中国绿色产品”的示范效应，创新技术、绿色生产，持续推出绿色环保的产品。同时，它将以推动全价值链的绿色低碳为目标，竭力为保护环境做出贡献。

（资料来源：新华网，有改动）

2. 提供绿色服务

随着经济的不断发展，服务已经由一种营销辅助方式转为创造营销价值的主要营销方式。在绿色营销过程中，提供绿色服务更是必不可少，它将为绿色营销最终价值的实现发挥极其重要的作用。

提供绿色服务，企业可从以下三个方面做起：首先，大力宣传环保知识，传播绿色消费观念，提升消费者的绿色消费意识；其次，从专业化的角度解决消费者在绿色消费过程中遇到的问题，指导消费者进行绿色消费；再次，对已售产品进行有偿回收，实现绿色产品价值再造。

3. 开展绿色促销

绿色促销是围绕绿色产品开展的各项促销活动的总称。企业开展绿色促销可从以下几方面着手：首先，在绿色产品的市场投入期和成长期，企业可大面积投放广告，对绿色产品进行宣传，激发消费者的购买欲望；其次，企业可通过让消费者试用绿色产品、买绿色产品赠送礼品、举办竞赛、买绿色产品享受优惠等策略，引导消费者购买绿色产品。

模块三　探究资源稀缺情境下的消费心理

案例导入

限量发售的数字文创受热捧

一件博物馆里的藏品、一处名胜古迹的风景，甚至是一张火爆的演出票，如今都可以通过区块链技术，生成一串全球唯一的专属编码，成为人们网络账号里收藏的“数字文创”。

目前，数字文创往往采用限量发售的形式，经常一经推出，短时间内便全部售罄，热度丝毫不逊色于传统线下生产的文创产品，吸引了各大博物馆、文旅景区、影视文娱纷纷试水，形成了一种独特的文化现象。

2021 年 10 月，湖北省博物馆数字文创“越王勾践剑”（见图 10-3）正式对外发布，限量 1 万份，上线后引来 60 万人在线抢购，短短 3 秒即告售罄。造型“萌萌哒”的妇好鸮（xiāo）尊（见图 10-4），是河南博物院的明星文物，也是河南博物院在 2021 年 12 月推出的首个 3D 版数字文创，限量发行 1 万份，瞬间就被网友“秒空”。

图 10-3　越王勾践剑

图 10-4　妇好鸮尊

公开信息显示，成都金沙遗址博物馆、河北博物院、成都博物馆、南京博物院、甘肃省博物馆和山西博物院等国内多家博物馆均已推出了数字文创。各大博物馆往往选择馆内知名度高的重点文物进行开发设计，产品一经上线便受到大众热捧，几乎都是短时间内就快速售罄。

（资料来源：环球网，有改动）

思考：你购买过限量版的数字文创吗？请思考数字文创为何往往采用限量发售的形式。

一、资源稀缺的含义

资源稀缺可分为客观的资源稀缺和主观的资源稀缺。在一定时间和空间范围内，资源的总量是有限的，而人类的需求是无限的，两者相比就造成了客观的资源稀缺。而主观的资源稀缺是指个体已拥有资源少于所需要资源时产生的一种感受。生活中每个人都会有这种感受，如个体拥有的金钱无法满足自身的欲望时，就会感觉金钱资源稀缺。

二、资源稀缺对消费者心理的影响

（一）购买意愿增强

物以稀为贵，任何商品稀缺时，消费者往往都会认为其具有一些独特性的价值，此时不论消费者是否真的需要该商品，其购买意愿都会增强。而当消费者本来就喜欢的商品稀缺时，他们就会更想得到这些商品。例如，小军喜欢收藏球鞋，每当他特别喜欢的品牌有限量款球鞋上市时，他都会提前准备好抢购。

（二）购买行为非理性化

一般情况下，消费者在购买某种商品时，会经过一定的分析评价过程，即购买行为比较理性。而面对稀缺商品，特别是感兴趣的稀缺商品，很多消费者往往想着先得到，而不管自己是否真的需要、商品是否适合自己或商品是否值得等，即表现得不理性。例如，有些消费者为了买到限量款的手表，情愿从“黄牛”那里花高于手表原价很多倍的价钱购买。

（三）消费厌腻感延迟

消费厌腻感是指消费者因从连续或过量使用的同一商品中得到的享乐感减少，进而对其满意度下降的主观情绪体验。例如，很多消费者第一次吃某种食物时，会感觉很好吃，而当他们连续好几天吃同样的食物时，就感觉没那么好吃了，有人甚至还可能感觉它味道一般。

当商品稀缺时，消费者很可能在前几次使用这种商品时都不能得到满足，或感觉以后可能没机会再使用这种商品了，进而想购买更多，因此经过较长一段时间后才可能对其产生厌腻感。例如，某家面馆的招牌肉酱面很好吃，但量比较少且限量售卖，小许前几次吃

时每次只能吃六七成饱，因此每次吃完都想着还要再来。

心理小课堂

商品“限量售卖”为什么通常“屡试不爽”？

“限量抢购”“即将售罄”“节日特别版”“限量联名款”……看到这些字样，你是否萌生了立刻消费的念头？近年来，许多商家都打着“限量”的旗号制造噱头，以此来吸引消费者。那么，商品“限量售卖”为什么通常“屡试不爽”？

第一，“限量”的商品受欢迎可能是因为这个商品的品质确实好。第二，“物以稀为贵”，越限量，消费者就越可能产生恐慌心理，商家也正是通过这种恐慌的心理，让消费者迅速下单。第三，有些消费者认为使用、购买这种商品，是新潮人士或者其他某种身份的标志。第四，消费者有时候会有一种“买稀缺而非过剩”的心态，同时也会担心机不可失、失不再来。

（资料来源：央视网，有改动）

三、资源稀缺情境下的营销策略

（一）限量出售

限量出售是指企业可利用资源稀缺对消费者心理的影响，对一些产品采取限量出售的方式，营造出一种稀缺假象，从而促进产品销售的策略。具体来说，企业可通过在一天时间内只出售一定数量的产品，或限制同一位消费者可以购买的数量，或不限制出售量及购买量但使产品的生产量低于需求量等方式，营造出产品供不应求的销售状态。例如，某品牌手机在上市后的半个月里，每天只售200部，引得很多消费者抢购。

扫一扫

饥饿营销

需要注意的是，企业不能连续使用这一策略，否则很可能被消费者识破，进而引发他们的不满，从而起到反效果。

营销案例

冬奥限量徽章销售火爆

众所周知，2022年北京冬奥会期间，与冬奥会吉祥物冰墩墩、雪容融相关的商品无论线上还是线下，都销售火爆。殊不知，冬奥限量徽章也是脱销“大户”。

2018年11月，北京冬奥组委开发了“二十四节气系列徽章”，并在每月的特许上新日按照当月节气推出对应的徽章。徽章的整体设计将中国传统文化、北方民俗风情与冰雪特色结合，每枚节气徽章都融入了大量生动有趣的细节，极具中国传统文化特色。每枚徽章限量发售2 022枚，最先推出的立冬和小雪两枚徽章（见图10-5）上市不久就销售一空，随后发布的节气徽章也陆续售罄。

图10-5　立冬和小雪两枚徽章

2019年5月10日，即北京冬奥会倒计时1 000天那天，北京冬奥组委推出“点燃冬奥”倒计时系列第一枚徽章，并按每2～3个月1枚的速度在特许上新日陆续发布余下15枚徽章。这一系列徽章以中国与奥运结缘的历程为主线，将具有代表性的历史事件浓缩为一幅画面，并在包装纸卡上对徽章内容做简要介绍。每枚徽章限量数量各不相同，但上市后都很快售罄。

这种限量销售的策略加大了冬奥特许商品的收藏属性，因此其他很多限量销售的冬奥商品一经推出，也都引得消费者抢购。

（资料来源：中国新闻网，有改动）

（二）提供替代性产品

这是指当市场上一些产品因原材料不足等原因比较稀缺时，企业可根据消费者的需求，提供适当数量的替代性产品，进而获利的做法。例如，某企业无法从外国大量进口某种抗癌药时，便投资研发可替代它的产品，研发成功后，销量极好。

课堂考核

（一）单项选择题

1.（　　）是指一个人在购买、使用商品或享受服务时所产生的感受或认识。

A．消费习俗　　B．消费流行

C．消费体验　　D．消费习惯

2.（　　）的体验不属于消费者的体验行为。

A. 娱乐　　B. 感觉

C. 逃避现实　　D. 审美

3. 下列选项中不会影响消费者的绿色消费心理的是（　　）。

A. 绿色文化　　B. 参照群体

C. 个体的环保意识　　D. 消费流行

4. 企业大力宣传环保知识是在进行（　　）。

A. 体验营销　　B. 饥饿营销

C. 绿色营销　　D. 个性营销

5. 商品稀缺时，消费者可能会（　　）。

A. 理性消费　　B. 冲动消费

C. 节制消费　　D. 随意消费

（二）判断题

1. 消费者接触商品时所产生的感受会影响其购买决策。（　　）
2. 教育的体验是当今社会最普通、最常见的消费体验。（　　）
3. 小沈尽量不买不必要的东西是在进行绿色消费。（　　）
4. 企业购买污水处理设备是在进行绿色营销。（　　）
5. 企业可一直对商品进行限量出售，以吸引消费者抢购。（　　）

（三）简答题

1. 企业可通过什么方式来进行体验营销？
2. 什么是绿色消费？举一个你自己进行绿色消费的例子。
3. 资源稀缺会对消费者的心理产生什么样的影响？

（四）案例分析题

某家电企业以“绿色发展，和谐共赢”为核心经营理念，将“低碳”“减碳”等环保理念融入产品设计、生产和销售的全过程，确保产品材料环保、性能优化，使用时能节能、节电。该企业还不断对产品进行改进，提升产品的节能环保性能。

思考：该企业运用了哪些绿色营销策略？你还知道哪些绿色营销策略？

课后实训

实训目标

充分了解绿色消费及绿色营销的含义，并掌握一些绿色营销的实施策略。

任务概述

选择一种绿色农产品，了解其销售情况，并为农民想一些可实施性强的绿色营销方案。完成后，各小组要编写一份营销策划书，并选一名代表向全班同学介绍。

任务分配

全班学生自由组合，每组 4～6 人，各组选出组长并进行任务分工，将小组成员及分工情况填入表 10-1 中。

表 10-1　小组成员及分工情况

班级		组号		指导教师	
小组成员	姓名	学号	任务分工		
组长					
组员					

任务准备

（1）熟悉与绿色消费、绿色营销相关的知识。

（2）掌握营销策划书的撰写方法。

任务实施

按照小组分工情况开展活动，并将具体的实施情况记录在表 10-2 中。

表 10-2　实施情况记录表

时间安排	实施步骤
	1．选择一种绿色农产品：
	2．上网或实地调查它的销售情况
	3．分析它的销售情况比较理想/不理想的原因
	4．想一些绿色营销方案
	5．撰写营销策划书 （另附纸）
	6．在全班同学面前进行讲解分享

课后评价

各组配合指导老师完成如表 10-3 所示的考核评价表。

表 10-3　考核评价表

考核内容	评价标准	分值	评价得分		
			自评	互评	师评
知识与技能考核（40%）	能够简要阐述消费者体验心理的特点，并举例说明消费者体验行为的分类	15			
	能够阐明绿色消费的含义和影响绿色消费心理的因素	15			
	能够阐明资源稀缺的含义及其对消费者心理的影响	10			
过程与方法考核（20%）	课前积极预习本讲的内容	5			
	课中认真听讲，并积极参与课堂互动	10			
	课后主动复习所学知识	5			

（续表）

考核内容	评价标准	分值	评价得分		
			自评	互评	师评
实训考核（20%）	能够正确分析所选择的绿色农产品销售情况比较理想/不理想的原因	5			
	能够撰写出可实施性强的营销方案	15			
综合素养考核（20%）	具有较强的环保意识，积极践行绿色消费	10			
	具有较强的探索欲，主动发现消费领域的新现象	10			
合计		100			
总评	自评（20%）+互评（20%）+师评（60%）=	教师（签名）：			

参考文献

[1] 白玉苓. 消费心理学 [M]. 北京：人民邮电出版社，2018.

[2] 蔡践. 销售背后的心理学秘密 [M]. 成都：成都时代出版社，2017.

[3] 曹旭平，张丽媛. 消费者行为学 [M]. 北京：清华大学出版社，2020.

[4] 单凤儒. 营销心理学 [M]. 北京：高等教育出版社，2018.

[5] 江林，丁瑛. 消费者心理与行为 [M]. 北京：中国人民大学出版社，2018.

[6] 柯洪霞. 消费心理学 [M]. 北京：对外经济贸易大学出版社，2015.

[7] 林建煌. 消费者行为 [M]. 北京：北京大学出版社，2016.

[8] 李晓霞，刘剑，赵仕红. 消费心理学 [M]. 北京：清华大学出版社，2018.

[9] 王春利. 消费心理学 [M]. 北京：首都经济贸易大学出版社，2019.

[10] 王枝茂，赵爱威. 市场营销基础 [M]. 北京：中国人民大学出版社，2021.

[11] 肖涧松. 消费心理学 [M]. 北京：高等教育出版社，2018.

[12] 肖立，孙爱东. 消费者行为学 [M]. 北京：北京大学出版社，2021.

[13] 杨海莹，姜晓琳，杨洁. 消费心理学 [M]. 北京：高等教育出版社，2019.

[14] 周宏敏. 服务营销 [M]. 北京：中国人民大学出版社，2021.

[15] 章金萍. 市场营销实务 [M]. 北京：中国人民大学出版社，2021.

[16] 张莉. 消费心理与实务 [M]. 北京：清华大学出版社，2019.